小学校国語科

研究授業
パーフェクト
ガイド

教材研究から
学習指導案まで
丸ごと分かる!

水戸部 修治 編著

明治図書

まえがき

　近年，より広い地域で授業研究を通した授業改善が進んできています。数千に及ぶ授業を拝見する中で，優れた授業の背景には優れた準備があることを強く感じます。そしてそうした準備を着実に行うことで，国語の研究に初めて取り組む教師も若手の教師も，子供たちが十分に力を発揮し合い，さらに言葉の力を獲得する授業を展開できることが分かってきました。

　例えば単元の指導目標に基づいて単位時間の授業の交流を成立させるためには，その時間の発問や指示を工夫するだけでは十分ではありません。単元構想全体を工夫して，子供が明確な目標に向かって学べるようにしつつ，そのゴールに向かうために情報が必要だからどうしても交流したい，といった意識を喚起する手立てが必要です。さらにはそうした交流を実際に展開できるようにするためには，研究授業の本時のみならず，そこまでに様々な学習場面を活用して交流の学習体験を積み重ねられるようにすることも必要になります。

　もちろん研究授業が指導のゴールではありませんが，そうした授業に向けて子供たちにどのような能力を育てていけばよいのかを逆算して明らかにし，見通しをもって計画的に指導を行っていくことが，教師としての力量を高め，子供の可能性を引き出す授業を実施するために大切なものとなります。

　本書では，こうした授業づくりの在り方を，国語科の授業研究という側面に光を当てて検討しています。Chapter 1，2 では，授業構想や学習指導案作成の基礎・基本，授業に向けた緻密で周到な準備の進め方等を取り上げ，これまでの数多くの先生方との共同研究を通して明らかになった授業づくりの秘訣を述べています。Chapter 3 では，授業を見る側に立った場合の視点や見方・生かし方，指導・助言のポイント等を述べています。これまでの莫大なデータに基づいて得られた知見を，本書において初めて書き出したものとなっています。さらにChapter 4 では，研究主任の役割や職務の進め方等について述べています。Chapter 5 では，全国の優れた実践を集積し，実践の工夫改善のポイントやその成果に加えて，授業当日に至る準備や授業構想のプロセスをご提示いただきました。

　本書を通じて，全国の数多くの，子供たちのために授業改善を進めたいと願う先生方と，「自分のクラスではこんな課題や実態があったけれど，このように準備して授業に臨み，子供たちのこんな伸びが見られた」という改善の過程や授業に向けた準備の具体の姿を共有できることを切望しています。

2020年４月

京都女子大学教授　水戸部修治

Contents

Chapter 4
研究主任になったらこうする！校内研究の進め方

Chapter 5
指導案でみる学年別研究授業事例15

第1学年

第2学年

Chapter 1
日常授業でも使える！授業構想の基礎・基本

教材研究・教材開発

教材研究・教材開発の基本スタンス

　「教材を」教えるのではなく「教材で」教えるということは，各教科等で以前から言われてきた。国語科もその例外ではない。しかし特に文学的な文章教材や古典教材に関しては，「この教材はこう教える」といった固定的な捉え方も見られる。もちろん，教材となる作品にほれ込み，その魅力を味わわせたいといった思いは大切だし，先輩読者としての主体的な読みの姿を子供たちに示す意味でも，指導に当たって重要なものとなる。しかしその思いが強くなりすぎるあまり，「この言葉の意味をこう読み取らなければこの作品を読んだことにはならない」といった硬直化した考えにとらわれないようにする必要がある。例えば小学校5年生の教材として教科書に掲載されている「注文の多い料理店」が，高校の国語の教科書にも掲載されている事例がある。当然，同じ作品を扱う場合も両者ではねらいが異なり，指導の在り方も異なる。読者として純粋に教材を読んだり分析したりするのみならず，授業者としてどの指導事項等を指導するのか，言語活動とどう結び付けるのかなどを念頭に置きながら，教材をどのように生かすかを考える必要がある。

当該単元で育成を目指す資質・能力を想定した教材研究・教材開発

　教材研究を行う際に重要になるのは，その教材を通してどのような資質・能力を育成するのかを大づかみに見通しておくことである。具体的に言えば，教材だけを念頭に置くのではなく，その単元でどの指導事項等を指導するのかを確認しておくことが大切になる。

　新学習指導要領では「教材」について，小学校国語科第3の(1)にその取扱いが示されている。

　「教材は，第2の各学年の目標及び内容に示す資質・能力を偏りなく養うことや読書に親しむ態度の育成を通して読書習慣を形成することをねらいとし，児童の発達の段階に即して適切な話題や題材を精選して調和的に取り上げること。また，第2の各学年の内容の　(中略)(2)に掲げる言語活動が十分行われるよう教材を選定すること。」（下線は筆者。）

　例えば読むことにおいて，単元の指導目標がその教材を深く読み取らせることだと捉えても，それは十分ではない。教材を分析すればするほど，その全てを子供にも言い当てさせたくなってしまいがちである。また反対に，結局何をどこまで読み取らせればよいのか分からなくなる状況も見られる。その結果，指導過程が画一化することも多い。こうした状況を打開するためには，指導事項等を基に指導のねらいを見極めて，どのように読むことを目指すのかを明確に把握する必要がある。またその教材を読み取らせることだけを視野に入れる場合と，子供たちが生涯にわたって自ら本を手に取り，読書に親しむことを目指すのとでは，授業の様相は大きく異なってくる。前掲の下線部においてもこのことが指摘されていることが分かる。

　さらに教材研究の対象となる教材とは，教科書の文章教材のみならず，「話すこと・聞くこ

と」,「書くこと」の教材に加えて，子供たちが学習で用いる本や資料などの並行読書材，そして単元に位置付ける言語活動などをも含むものである。加えて，「話すこと・聞くこと」や「書くこと」における教師自作のスピーチや文章のモデルなども重要な教材となる。

　こうした教材，言い換えれば子供たちが学ぶ学習材について，当該単元でどのようなものを取り上げたり開発したりして指導するのか，学習材の価値をどのように捉えるのかといったことは，当該単元で付けたい力によって規定されることとなる。

素材の魅力は何か

　「読むこと」における教材研究の場合，教材となる作品を教師が読む過程は，大きくは次の二つに分けることが可能である。一つは純粋に読者として読む素材研究の過程である。もう一つは，指導のねらい等に照らしてどのように当該作品を取り上げるのかを検討する教材化研究ともいうべき過程である。前者においては，できるだけ多様な魅力を教師自身が発見することが大切になる。後者の場合は，設定した指導のねらいに照らして，どのような特長を発見できるかを明らかにする必要がある。

関連する作品をどう取り上げるか

　文学研究においてある作品を取り上げる場合，比較対照するために他の作品を取り上げることが当然であるように，国語科の「読むこと」の教材研究においても，教科書教材と関連する作品をどのように選定するかは極めて重要な教材研究内容である。

　またこの視点は，子供の実態とも重ねて考えることが重要になる。例えば読むのが苦手な子供たちはこれまであまり読書体験に恵まれず，またその結果日常的に本を読まない子供である可能性が大きい。教師が授業で取り上げることが可能な関連する作品の選択肢を多くもっていればいるほど，そうした子供たち一人一人に確実に読む能力を付けることができる。また子供が多様な作品を選んで読めるようにすることで，教材解釈の優劣を超えた学びが実現しやすくなる。

研究授業に向けて，ここをチェック！

- ☐　単元で指導する指導事項をおよそ見通しながら教材研究を進めていますか。
- ☐　素材研究では，できるだけ幅広く教材の魅力を発見できていますか。
- ☐　教材化研究では，指導のねらいを踏まえて教材の魅力を発見できていますか。
- ☐　関連する作品などについても，どのように取り上げるのか見通しをもっていますか。

単元構想

単元構想のポイントと基本スタンス

単元構想の段階では詳細な計画を立てる前提として，単元の骨組みとなる部分を大づかみに構想することがポイントとなる。最初から細かく詰めていくと構想途中で修正しにくくなるからである。構想に当たって特に重要なのは次の3つである。

(1)指導のねらいの把握

(2)ねらいを実現する言語活動の選定

(3)ねらいを具体化する子供たちにとって課題解決となる単元の学習過程の設定

この(1)〜(3)を行ったり来たりしながらより確かな枠組みを造っていくこととなる。

かつての研究授業では，本時にどのような発問を行い，子供たちをどのようにねらいとするところへ導くかを検討することが中心であった。しかし本来，本時は単元の指導過程の中の1時間であり，単元構想を前提にしてその中身が決まってくるものである。単元の枠組みがしっかりしていれば，その後の計画が大きくぶれなくて済むこととなる。単元全体の構想が本時の学習指導の成否をも握る重要なプロセスとなるのである。

当該単元で指導する指導事項等の明確な把握

上記(1)の指導のねらいを把握するためには，当該単元で学習指導要領のどの指導事項等を取り上げて指導するかを明らかにする必要がある。そのための要件を確認しよう。

(1)年間指導計画を基に，どの指導事項等を指導することとなっているのかを確認する。

(2)子供の実態やそれまでの同系統の指導に基づく評価を踏まえた重点化を図る。

単元でどの指導事項等を指導するのかは，一般的には年間指導計画に示されている。(1)では，〔思考力，判断力，表現力等〕と〔知識及び技能〕のどの指導事項等を指導することとなっているのかを確かめることとなる。

例えば当該単元で第3学年及び第4学年〔思考力，判断力，表現力等〕「C　読むこと」「**エ　登場人物の気持ちの変化や性格，情景について，場面の移り変わりと結び付けて具体的に想像すること。**」を取り上げて指導することとなっている場合について考えてみよう。この指導事項は通常，2学年間で何度か繰り返し取り上げて指導し，確実な定着を図ることとなる。そのため，一つの単元でエに示す内容を全て網羅して指導するとは限らない。(2)のように重点化を図ることが考えられるのである。一例を挙げると前単元までに「**登場人物の気持ちの変化**」について具体的に想像することについては重点的に指導しており，子供たちにも定着していると判断されるため，当該単元では「**登場人物の性格**」を具体的に想像することに重点化して指導するといったことが考えられる。なお，重点的な指導を行った上で，ある単元ではエの内容をトータルに取り上げて指導することも当然考えられる。

ねらいを実現する言語活動の選定

　言語活動の適切な選定のポイントとして，次の３つを挙げることができる。

〇単元の指導のねらいにぴったり合った言語活動

〇子供の実態に合った魅力的な言語活動

〇教師自身が言語活動を実際に行い，適切だと判断した言語活動

　新学習指導要領の教科目標にあるように，国語科は「言語活動を通して」資質・能力の育成を目指す教科である。そのため，単元に位置付ける言語活動の質が，授業の成否を左右するといっても過言ではない。

　質の高い言語活動を設定する大前提として，その言語活動が当該単元で育成を目指す資質・能力にぴったり合ったものであることが挙げられる。国語科では，活動が目的化して，どのような力が付いたのか不明確だといった状況も見られてきた。しかしこうした状況に陥るのは，言語活動を重視しているからではなく，付けたい力自体が不明確であることが要因である場合が極めて多い。また，ねらいや教材の側から見て適切な言語活動でも，子供の実態とかけ離れたものであっては，負担が大きくなるなどして効果を発揮できない。教材や言語活動を，教師の側からどう教えるのかのみならず，子供たちはどのように捉えるのかを十分想定しておくことが大切になる。こうした言語活動を適切に選定するためには，教師自身が，子供が行う言語活動を実際に行ってみることが重要な教材研究となる。

子供たちにとって課題解決の過程となる単元の学習過程の設定

　学習過程を検討するポイントとして以下の３つを挙げることができる。

〇単元の各単位時間の学習が，単元のゴールに向かってきちんとつながりをもって構成されており，子供にとって課題解決の過程となる，学ぶ目的を実感できるものにする。

〇単元の導入では，単元全体の見通しをもち，主体的に学習に取り組めるようにする。

〇子供たちが獲得した能力を繰り返し用い，確実に身に付けて使いこなせるようにする。

　こうした過程を構築する際は，単元のゴールを言語活動によって明確にし，そこから逆算するように導入に向かって授業の内容を考えていくことがコツとなる。

> **研究授業に向けて，
> ここをチェック！**

☐　単元で指導する指導事項等を確認していますか。

☐　指導のねらいや子供の実態に合う魅力的な言語活動を設定していますか。

☐　子供たちにとって課題解決となる学習過程を設定していますか。

学習指導案の作成

各項目の記載内容の共通理解

　学習指導案の形式は，地域や学校等で異なる。単元構想を基に学習指導案を作成する際は，各項目に何をどのように書くのかを共通理解することが大切になる。学習指導案は，授業者の授業構想を形に表すものであると同時に，共同研究者等にその構想を理解してもらうためのものでもあるからである。主な項目の記載上の留意点を示すと以下の通りとなる。

単元の目標

　観点別に記載する場合や主なものに絞って記載する場合，一文で端的に記載する場合など，多様な書き振りがある。いずれの場合も目標は，学習指導要領の指導事項等を基に設定するため，末尾に括弧書きで指導事項等の記号を付すと対応関係が明確になる。

単元の評価規準

　指導要録の３観点（「知識・技能」，「思考・判断・表現」，「主体的に学習に取り組む態度」）で記載する。目標に準拠した評価とするため，単元の指導目標に取り上げた指導事項一つ一つに対応する評価規準を設定する。例えば単元で「Ａ　話すこと・聞くこと」のイ（話す・構成の検討）とエ（聞く）を指導する場合，評価規準はイ，エそれぞれに対応させたものを設定して，二つの目標に対して各々評価できるようにすることが基本となる。単元目標と同様に，対応する指導事項等の記号を末尾に付すと確認しやすい。

当該単元の言語活動の設定とその特徴

　単元に位置付けた言語活動が，単元の指導目標の実現にきちんと機能するようにするためにも，また参観者に言語活動の意図を説明するためにも，言語活動の特徴とその特徴が指導のねらいにどのように結び付くのかを明確に説明することが重要である。

　言語活動設定の際「いつも本の紹介リーフレットばかりになってしまう」などと悩む場合もあるかもしれない。しかしそのリーフレットの構造は指導のねらい等に合ったものとなっているだろうか。例えばp.8に例示したような，**「登場人物の気持ちの変化」**に重点を置く場合と**「登場人物の性格」**に重点を置く場合とでは，リーフレットの内容構造は異なるはずである。さらに，「紹介」にとどまるのか，それとも「解説」や「推薦」にするのか，また発信に重きを置くのか，共有をメインターゲットとするのかでもリーフレットの構造や用い方が全く違ってくる。こうした特徴を説明する際は，例えばリーフレット型ツールのモデルを作成し，それを図解したものや写真を学習指導案に取り込み，指導のねらいとの関わりを解説すると言語活動設定の意図が伝わりやすくなる。この項目の記載に当たっては，往々にして言語活動の手順

を書いてしまうケースが見られる。あくまでもこの単元で設定した言語活動がもつ特徴を明確にし，その言語活動を通すことで目指す能力が育成できることを説明する必要がある。

児童の実態について

前単元までの指導を踏まえた子供たちの状況を記載する。具体的には次の内容が考えられる。

○前単元までに，同系統の単元（本単元が「書くこと」なら既習の「書くこと」の単元）では，どのようなねらいでどのような言語活動を行ったのか。

○その結果，何が身に付き何がまだ身に付いていない状況か。

○それを踏まえて本単元ではどのような能力を重点的に指導する必要がある状況か。

単元計画（単元の指導過程）

ここでは，単元構想の際に大づかみに設定した単元の指導過程を具体的に詰めることとなる。主な留意点は以下の通りである。

○単元の各単位時間がゴールとなる言語活動にきちんと結び付いているか確認しながら単元の指導過程を具体化していく。

○単元の指導目標とずれた計画にならないよう，「指導上の留意点と評価」などに記載する評価規準にも，対応する指導事項等の記号を付し，単元の評価規準とずれがないようにする。

○計画立案後，子供の目線に立ち，各時間の学びがゴールに向かう中で子供にとって必然性のあるものとなっているか，無理なくゴールに向かえるものとなっているかを確認する。

本時の学習

本時の詳細については後述するが，ポイントは次の二つである。

○本時のねらい（目標）が，単元の目標や評価規準等とずれのないように設定する。

○本時の学習のめあては，単元の言語活動と結び付けて設定し，どこに向かって何を学ぶ必要があるのかを一人一人の子供が実感できるものとなるようにする。

研究授業に向けて，ここをチェック！

□ 単元の目標，評価規準，単元計画の評価，本時のねらいと評価にずれはありませんか。

□ 言語活動は，子供にとって魅力的でかつ指導のねらいに迫るものであることを説明していますか。

□ 本時の学習のめあては単元のゴールと結び付けて設定されていますか。

振り返りと次に向けた課題の整理

さらなる授業改善に向けて

　授業は極めて複雑な構造体であるため，授業後に課題が明らかになることも多い。しかし課題が明確になること自体が研究授業の成果でもある。そして研究授業が終わった直後が最も授業改善の手掛かりを多く得られるタイミングである。しかしこの好機を生かすことはなかなか難しい。研究授業の成果をさらなる授業改善に生かす視点として，次のことが挙げられる。

○成果は何か，その成果はどのような手立てによって生まれたものかを明らかにする。

○課題は何か，その課題を克服するにはどのような手立てが考えられるかを明らかにする。

○次単元以降のどこで課題を克服する手立てを講じられるか構想する。

○いつまでに何についてどのように取り組むのか，具体的なスケジュールを明らかにする。

成果は何か―Before - After で成果を把握する

　授業の成果を次の授業改善に生かすためには，客観的なデータに基づいた成果把握が重要になる。「授業を工夫したことで，子供たちの目がきらきら輝くようになった」といった感覚的な把握も重要ではあるが，どのような手立てによって何がどのように改善されたのかをより詳細に分析することが大切になるのである。

　授業研究においては，数値化できる成果指標は限られてくるが，必ずしも数値化されたものだけが授業改善に機能するわけではない。より重要なのは客観的なデータを基に改善の状況を把握することである。その際，授業における客観的なデータは数値化されたものだけではなく，子供たちの記述や発話，成果物等様々なものも対象となる点に留意する必要がある。

　教育の場においては，実験群と統制群とを比較するといった手法はとれないことが一般的であろう。そうした場合有効になる方法の一つが，従前の指導と比較して，改善によって得られたと考えられる成果を明らかにすることである。厳密な比較はもちろんできないが，「従来の指導のままだったなら，この子供のこういった発話や記述，学びの姿は得られなかった」といった具体的な状況を明らかにし，それを蓄積していくのである。

課題は何か

　研究授業を通して様々な課題が明らかになる。このことは，むしろ研究授業の成果であるとも言えるだろう。研究授業を通して明らかになる課題は極めて多彩である。研究を進めていくプロセスのごく初期の段階に見られる課題もあれば，熟練の教師，研究を深めている学校だからこそ生じてくる課題もある。教師の指示通りに子供たちが動けばよいわけではなく，手堅く授業を進めようとするが故に課題があらわになることも多い。また，学力の高い子供たちが多数を占める学級の場合，むしろ授業改善上の課題が見えにくくなることもしばしばある。

こうした現状の中で，さらなる授業改善のための本質的な課題を，単位時間の授業研究で明らかにすることは容易ではないが，重要な手掛かりはある。例えば以下のような視点が挙げられる。

○単元及び単位時間で付けたい力を，一人一人の子供たちに育むことができたか。

○単元及び単位時間で付けたい力の見極めは妥当だったか。

○付けたい力をより具体化するとすれば，それはどのような姿として描けるのか。

例えば「この教材をこう読み取らせる」といったことが目的化してしまっている場合，目的の見極め自体が不十分であると言えるだろう。また，「教材を深く読み取らせたい」などと抽象的なレベルで付けたい力を把握することにとどまるのであれば，これもまた不十分である。さらには，ある子供たちだけが活発に発言し，その発言を巧みにつなげていけば授業は円滑に進んだように見える。しかし活発に発言した子供以外の子供の学びはどうだっただろうか。授業全体のイメージだけでは本当にその時間の学習指導が有効だったのか判然としないことも多い。

また一見指示通りには動いていないように思える子供たちの学びの中に，自ら学ぼうとする姿を見出せる場合もあれば，本単元，本時では十分に効果を上げていないように思える学習活動でも，その言語活動経験が，次の学習のベースとなって機能していく場合もある。例えば「○年生に向けて発信する学習だったのに，十分伝えられなかった」といった学習経験が，次単元で相手意識をより鮮明にもてるようにすることにつながる場合もある。こうしたことは，授業者一人だけでは確認・検討できないことが多い。そのため研究授業における授業参観や分析の視点として取り上げ，協働的に検討して課題を明らかにしていくことが望まれる。

課題解決の構想と具体化

前項で述べたように，授業の課題は多視点で分析した方が明らかになりやすい。その上で，それらの課題について今後どのように対応していくのかについては，授業者や授業を行った学年の教師等が判断することとなる。その際，次のような視点が重要になる。

○早急に取り組むべきことや時間を重点的にかけていくことなど，取り組む優先順位を判断する。

○どの課題について，いつ，どのような場面で，どのように取り組むのかを見通す。

研究授業に向けて，ここをチェック！

- ☐　授業研究によって得られた成果と課題を具体的に明らかにしていますか。
- ☐　課題について，今後，いつ，どのように取り組めるのか，見通しを立てていますか。

Chapter**2**
段取りが９割！研究授業を見据えた授業づくりの進め方

半年前

研究授業に向かって

　授業改善に向けた実践的研究は本来，研究授業の実施をゴールとするものではない。しかし，研究授業の場は，普段は見えにくい授業改善の糸口を明らかにする場であり，教師と子供がぐんと伸びる好機にもなる。それだけに，用意周到な準備をして臨みたいものである。

　研究授業では，授業者が特殊な指導手法を駆使して参観者に指導上の知見を披露することが実質的なねらいになってしまう場合もある。しかし国語科においては，当日のネタ勝負ではなく，単元間の関連性を考慮に入れた単元構想と，当日に至るまでの系統的な指導の積み重ねが研究授業の中心的な検討の要素となる。例えば研究授業の本時において，ペアやグループ活動を取り入れようとする場合，当日の授業でその進め方を初めて指示するのでは，子供たちが対応できないケースが多々見られる。当日の授業に向けてどれだけ準備するかが決め手となる。

単元の選定

　予めどの領域等の授業をするかが決められている場合もあろうが，授業者等が選択できる場合もある。その際の単元選定の手掛かりとして次のような視点が挙げられる。
○これまでの自分自身の授業を振り返って，指導上の課題が大きかった系統の単元を選定
○これまでにも何度か研究的に授業に取り組み，授業改善を重点的に進めたい単元を選定
○子供たちと継続的に取り組んでいて，子供のよさを発揮しやすい単元を選定

指導のねらいと言語活動の構想

　単元の大枠を検討する。年間計画を見通し，子供たちの実態と教材等の特性を考慮しつつ，
○当該単元で取り上げる指導事項等は何か
○指導事項等を指導できる言語活動としてどのようなものが考えられるか
○およその単元の指導過程をどう考えるか
○本時の位置付けをどのあたりにするか
などを大づかみに考えることとなる。もちろんこの段階では詳細に決まっていなくてもよい。また今後，計画を練り直して変更することがあってもよい。早い段階で構想することのメリットとして，研究授業の当日に向けて，いろいろな準備が可能となることが挙げられる。

先行実践を踏まえた単元構想と本時の授業の大づかみなイメージ形成

　およその単元の枠組みが決まったら，様々な先行実践に当たることが考えられる[注1]。いったん仮に決めた指導事項や言語活動に関して，他の類似の事例に当たって，取り入れられそうなよいアイデアを集めてみるのである。その際，先行実践を全てそのまま取り入れる必要はな

い。指導の時期や子供の状況，授業者の経験や指導の重点の置き方，得意とする授業スタイルなどの違いによって，実践は多様な姿となるからである。しかし，より多くの情報があることで，実践の選択肢が広がる。また，むやみに新奇な指導法を取り入れることが目的ではない。重要なのは，なぜその指導法を採用するかを授業者自身が論理的に導き出すことである。その際，「なぜその教材文なのか，本来の指導のねらいは何か」「これまでの指導で本当に，一人一人が，とりわけ支援を要する子供たちが伸びてきているのか」といった，授業づくりに向けての本質的な問いを自らに投げかけ，ゼロベースで検討してみることを是非お勧めしたい。

当該単元から逆算した関連単元等のピックアップ

　先述のように，国語科は系統的な指導の上に成り立つ教科である。一足飛びに子供たちに力を付けることはできない。そのため，いくつかの単元での指導を積み重ねて子供たちに言葉を自在に駆使する力を付けていくこととなる。半年前ぐらいにおよその単元のイメージをもつことができれば，そこから逆算して必要な手立てを段取りよく取ることが可能となるのである。具体的には，高学年において半年後に「選んだ物語を推薦する」言語活動を位置付けた授業を展開したいのであれば，それまでに例えば次のようなことを十分に指導しておく必要がある。

①物語を選んで読み，他の作品などと関連付けて解釈する。

②単に場面ごとの読みにとどまるのではなく，登場人物の相互関係やその変化，情景，心情の描写，表現の技法，人物像や作品の全体像などを視点として優れた叙述やその理由を明確にして読む。必要に応じて全文シート等を駆使して読んだり交流相手を見付けたりする。

③各領域の学習で「推薦する」言語活動を行い，「推薦」の特徴を明確に把握する。

④グループで互いの推薦理由を検討し合う。

⑤互いが選んだ作品を推薦し合うことの楽しさや価値を実感する。

　例えば，①，④については，本単元に先立つ文学教材単元があれば，そこで確実に取り上げて指導したい。説明的な文章でも，複数の文章を関連付けて解釈したり，それをグループで検討したりする学習を意図的に取り入れるとよい。②については，文学的な文章の単元に加えて，「書くこと」や詩，短歌や俳句の学習などでも意識付けていく。③，⑤については，各教科等でできるだけ日常的に言語活動を取り入れ，その楽しさを実感させることが大切になる。

**研究授業に向けて，
ここをチェック！**

□　研究授業の単元や本時のおよその姿を思い描くことができましたか。

□　研究授業に向けて，関連する単元を時系列で見通すことができましたか。

3か月前

単元構想の決定

6か月前から3か月前までに行ってきた言語活動や子供の状況を踏まえて，およその単元構想を決定する。具体的には，Chapter 2①（p.14）に述べた「指導事項等」，「言語活動」，「単元の指導過程」，「本時の位置付け」を決定し，学習指導案の下書きを始めることとなる[注2]。

これからさらに育成すべき能力の確認

6か月前から各単元等の指導を通じて順調に子供たちに力を付けられれば理想的ではあるが，この時期にはむしろ，「まだこの力も，あの力も身に付けさせることができていない」といった課題状況があらわになることが多い。しかしそうした状況こそ改善の重要な手掛かりとなる。この時点でもう一度，付けたい力は何か，そしてその力を残りの3か月間でいつどのように付けていくかを再検討することが大切になる。研究授業の本時をどうするかということと並行して，それまでにどのような力をステップを刻んで付けていくのかを具体的に構想するのである。

言語活動自体の教材研究と並行読書材やモデル文等の準備

この時期に具体的に行いたい準備について代表的なものを検討してみよう。

(1)言語活動自体の教材研究

体育科の指導を専門とする教師が自ら運動して教材研究を進めるのと同様に，言語活動を通して資質・能力の育成を目指す国語科では，教師自身が言語活動を行う教材研究が必要となる。Chapter 1③（p.10）に挙げたようなリーフレット型ツールなどが，単に子供の興味を惹くものではなく，そうした媒体を駆使して育成を目指す言語能力を顕在化し，確実に定着させるためのものであることは広く理解されてきている。この機能を十分に発揮させるために，例えばリーフレット型ツールなどを実際に試作することにより，それが当該単元の指導のねらいに合っているか，子供の実態に即したものかなどを確認したり，子供がどこでつまずきやすいかを体感的に発見したりすることができる。一方，読書交流会などの，共有をメインとする言語活動の場合は，複数の教師が協働して読書交流会を行うことで，実際にどのような読みをするのか，どんな言葉で読みをやり取りし合うのかを明らかにすることができる。

(2)並行読書材の選定

並行読書とは，主に「読むこと」の単元において，当該単元の指導のねらいをよりよく実現するために，共通学習材（通常は教科書教材）と関連させて，本や文章を読むことを位置付ける指導上の工夫のことである。とりわけ読書習慣が身に付いていない子や読むのが苦手な子，こだわりが強く他の子供と同じ教材を読ませただけでは十分に力を発揮できない子を支援することができる手立てである。もちろん読む力のある子供にとっては自ら本を選んで読むことで

一層力を伸ばせる場ともなる。一人一人が自ら読む対象を決め，自分の読みを発信することで，優劣を超えた学びにつながっていく。一律に教科書を読み取らされる指導では決して見られなかった，一人一人が夢中になって読んだり，思いや考えを伝え合ったりする姿が多くの教室で実現している。この手立てが効果を上げるためには，指導のねらいに合った選書が重要になる。例えば，「子供自身が必要な本，お気に入りの本を見付ける選書力」を身に付けさせたいのであれば，ある程度幅広な選択肢を提示する必要がある。一方で「一人一人の感じ方などに違いのあることに気付くこと」をねらうのであれば，数作品に絞って，それぞれを数冊ずつ準備することとなる。この場合は，同一の作品を選んだ子供同士で読み合うことで指導のねらいを実現できるからである。また言語活動によっても選書の仕方は異なる。「本の紹介」や「推薦」を位置付けるのであれば，子供自身が選べるようにすることが重要になる。「読書会」などであれば，共通の作品を選んだ子供同士がグループを組めるように選書する必要がある。

　選書に迷う場合は，学校図書館や公立図書館の司書にアドバイスを求めるとよい。その際，指導のねらいをしっかり説明し，それに合致する本を紹介していただくことが前提となる。

(3)ペア・グループ学習の習熟のための指導の実施

　ペア交流でもグループ交流でも，子供たちがその実態にふさわしい目的をもって繰り返し取り組み，「話し合ってよかった」，「話し合ったら楽しかった」といった実感を味わえるようにすることが重要である。そのためには３か月前の段階では，次のような準備を行いたい。

①国語科のみならず各教科等で，ペアやグループで話し合う場を日常的に取り入れる。その際，できるだけ「話し合って楽しい」という思いをもたせることに重点を置く。

②ある程度話し合う活動に慣れてきたら，国語科「話すこと・聞くこと」で，取り立て指導を行う。その際，どんな言葉を用いてどのようにやり取りすればよいのかをイメージさせる。

③国語科を中心に，一定の時間をかけて話し合う学習を行う。その際，単に「考えをもつ→話し合う」といった手順をこなす学習を進めるのではなく，「○○に向けて考えをはっきりさせるために話し合う」などの目的をもって話し合う場を設定する。

④子供たちの会話から「話し合いを促進する話し方，聞き方」を集めていく。それを話型などの形で多彩に提示，共有していく。

**研究授業に向けて，
ここをチェック！**

□　ねらいや子供の実態に合う言語活動を構想できましたか。

□　「読むこと」の授業づくりでは，並行読書材を選定できましたか。

□　各学年の発達の段階に応じて，ペア・グループ学習を行う素地を養っていますか。

1か月前

単元の学習指導案の作成

　研究授業が1か月後に迫り，いよいよ学習指導案を完成させていくこととなる。学習指導案作成上の留意点は多岐にわたるが(注3)，特に確認したいのは以下の点である。

○単元の指導目標や評価規準と指導事項等との対応関係が明確になっているか。

○単元全体に位置付ける言語活動やその特徴がきちんと指導目標と結び付くことが，初めてこの学習指導案を読む人にも，そして子供にも明確に理解できるよう解説されているか。

○単元と，単元の指導過程，本時のそれぞれのねらいがずれなく設定されているか。

○本時の学習は，単元のゴールとなる言語活動に結び付いているか。

○単元や本時の一つ一つの学習活動が，ゴールに向かって一連のつながりをもち，子供にとって目的性や必然性を意識できるものとなっているか。

　本時の詳細が決まった段階で，もう一度上記5点を再確認することが授業を成功に導くカギとなる。単元構想段階ではねらいや言語活動，具体の指導過程が一貫性をもっていても，細部を構築していく過程でぶれたりずれたりすることがしばしばあるからである。とりわけ，「子供の主体的な学びを実現したい」と思っていたのにいつの間にか子供の思いとは無関係に「これを教える」という意識だけが見える学習指導案にならないようにする必要がある。

本時から逆算した準備

　「教師がこれを教える」という発想ではなく「子供がいかに学ぶか」という視点に立つ必要がある。そうすると，本時で全く新たに何かを教えるのではなく，指導のねらいに迫るために8割方は前単元・前時までに子供たちが身に付け，本単元・本時では残りの2割を新たに学ぶ，あるいは駆使できるように自ら用いるといった状況をつくっておくことが望まれる。

　本時がおよそ構想できれば，そこで子供たちが発揮できればよい能力が明確になる。ここから逆算して，本時までに身に付けたい能力をできる限り細かくリストアップするのである。例えば第1学年の「乗り物図鑑を作ろう」の単元で，図鑑を読んで大好きな乗り物の，自分が「すごい」と感じる働きやつくりを見付ける学習を本時に想定する場合，図鑑に読み慣れる，大好きな乗り物を見付ける，自分が「すごい」と感じる乗り物の働きや，それに合ったつくりを見付ける，それらを表す言葉に気付き，自分で探してみる，といったことが自在にできるようにする必要がある。こうした諸能力は，例えば単元の指導のねらいとする「C　読むこと」の「**ウ　文章の中の重要な語や文を考えて選び出すこと。**」における「自分の図鑑を作るために重要になる語や文を考えて選び出す」能力を具体化するものとなるからである。

　さらに，ペアでやり取りすることについては，低学年では十分な習熟期間を取って継続的に指導していくことが必要である。この段階では，本時に具体的にどんなやり取りができればよ

いのかを想定し，その姿が子供の自然な姿で多様に具体化されることを目指していくこととなる。これらに加えてノートや付箋，ワークシートに書くことや，さらに細かく，発言するときの立ち方，ペアの組み方等々，習熟させておきたいことは無数にある。

ただし当然時間は限られている。この時点ではこうしたことを思いつく限り列挙した上で，①既に身に付いていること，②これから授業前日まで指導していくこと，③本時に指導すること，④次単元以降に指導すること，に区分けする。その上で③をぎりぎり絞り込んだ上で，②については優先順位を付けて計画的に一つずつ重点的に指導していくこととなる。

単元の導入に向けた布石や伏線及び掲示物等の言語環境の整備

前項の例なら，単元の導入時に図鑑に触れさせるのでは，特に日常的に本や図鑑を手に取る機会のない子供には非常に負担が大きくなる。そこで導入の2週間前をめどに，教室や学年の本棚に多くの乗り物図鑑を置き，教師が紹介したり，朝読書の時間に手に取れるようにしたりしておく，いわゆる先行読書の工夫が有効になる。単元の導入時には既に一人一人がお気に入りの乗り物を決めているような状況ならば，子供たちの力を引き出すことが可能になる。

また近年，ねらいを実現する言語環境整備が大きく進展している。例えば単元の学習を見通すための「単元の学習計画表」，学級の子供の並行読書の状況を一覧にした「並行読書マトリックス」等々がある。その中でも飛躍的な効果を上げているのが「全文掲示」や「全文シート」である。ねらいに応じてその活用の仕方は大きく異なる。低学年では，文章全体から自分の大好きな場面を選べるようにすることが考えられるが，中学年では複数の場面の叙述の結び付きを子供が発見するために用いることが考えられる。いずれの場合も単なる飾りではなく，子供たちが学習に用いることでその機能を最大限に発揮できる。そのため，研究授業でどのような用い方をするのかを見据えた上で，子供たちが使いこなせるようにしておく必要がある。

また，特に「書くこと」の単元の場合は，モデル文作成も重要になる。子供たちがどのような文章を書けるようになればよいのかを見通すことができる。その際，文章の種類や特徴をはっきりさせる必要がある。同じ意見文でも，「主張文」，「提案文」，「推薦文」などと具体化するのである。それぞれ異なる特徴をもつため，子供たちが書く際の大きな手掛かりとなる。

研究授業に向けて，ここをチェック！

- ☐ 初めて読む人にも理解できるか，という視点で学習指導案を作成していますか。
- ☐ 本時の子供たちの学びの姿を具体的に想定することができていますか。
- ☐ 想定する姿を実現するための必要事項を挙げ，定着を図る見通しをもちましたか。

単元の導入・当日・終わった後

単元の導入以降

　本時を単元の中盤もしくは終盤に置く場合，単元の導入以降はできる限り子供個々の学習状況をきめ細かく把握することが望まれる。学習の見通しが明確にもてているか，学習を進めるに当たって必要な能力を身に付け，ステップを進めているか，交流における課題状況はないか，見られるとすればどこにあるか，想定外のつまずきはなかったか，そして何より学習を楽しんでいる状況が見られるかなどについて，授業中の子供の姿やノート記述等により把握する。その上で指導のねらいまで達していない場合にはどのように軌道修正するか，個々に対する支援の手立てをどう打つかなどを具体的に構想していく。

　特に前時の学習状況については，本時に直結するため可能な限りきめ細かく把握することが望まれる。本時に生かしたい子供の学びはどのようなものだったか，本時ではどの子供のどのような言葉を取り上げて広げるか，誰にどのような支援を行うか，その際教師による直接的な支援に加えて，誰と交流させれば効果的な支援が期待されるかなどを考慮していく。

　なお本時が単元の第1時となる場合は，前単元までにどのぐらい子供たちに力を付けられているかが授業の成否を決めることとなる。

研究授業当日

(1)子供たちへの声掛け

　研究授業当日は教師にとっても重要なものだが，子供にとっても特別な一日である場合が多い。教師が緊張しすぎていると，子供たちも十分に力を発揮できないこともある。是非，教師自身も学級の子供たちの学習の様子を見てもらうことが楽しみだ，といったメッセージを伝えてみてはどうだろうか。自慢の学級のみんなの様子を見てもらうのが楽しみで仕方がない，などと伝えれば子供たちも奮起することだろう。

(2)教室環境等の確認

　微細なことだが，教室の床にごみが落ちていないか，ロッカーは整理整頓されているか。当日の天候に応じて窓やカーテンの開け閉めがなされているか，黒板はきれいに拭かれているか，掲示物ははがれていないかといったことにも気を配りたい。大規模な研究会などでは，授業会場をより広い教室や体育館に移す場合もある。会場の都合上やむを得ないが，できるだけ教室と同じような状況をつくり，子供たちの違和感を軽減する配慮が大切になる。

(3)授業開始前の手立て

　授業開始前に参観者が教室に来ていることも多分に想定される。そのため，授業開始前に何をしておくかも想定しておく必要がある。各学級の実態に合わせた多様な工夫がある。理想的には子供たちがその時間の学びを待ちかねているような状況をつくりたい。例えば自分の選ん

だ本を読み返していたり，既に言語活動の遂行に向けた疑問点や課題について近くの席の子供同士で話し合ったりしている状態で学習の開始を迎えられるようにするなどの手立てを前々から講じておくことなども考えられる。

研究授業終了後

(1)子供の学習成果の整理

授業が終わったら，まず子供たちにねぎらいの言葉をかけてはどうだろう。緊張しながら1時間を終えた子供たちも多いことだろう。中には「先生が頑張っているから自分たちも張り切って学習した」などと感じてくれている子供もいるかもしれない。その上で，子供たちから本時の学習について感想を聞いてみることが考えられる。

また事後の研究協議会では，授業で見られた事実をできるだけ客観的に提示したい。そのため本時で子供たちが取り組んだワークシートやノート記述，言語活動の成果物等々を手早く概観し，全体の傾向と特徴的な子供の事例をピックアップしておくことが望まれる。

(2)授業の成果と課題の整理

事後の研究協議会開始までに授業の成果と考えられることと課題として浮かび上がったことを明確に説明できるようにしたい。その際，なぜ本時の授業を提案するに至ったのか，指導のねらいや子供たちの実態等を踏まえてしっかりと自分の言葉で述べられるようにすることが重要である。たとえ課題が多く残ったとしても，授業の意図が明確であれば改善の糸口をつかむことができる。

> **研究授業に向けて，ここをチェック！**

- ☐ 単元の導入以降の子供たちの個々の状況を把握していますか。
- ☐ 教室の状況を点検し，研究授業会場としてふさわしい場にしていますか。
- ☐ 授業開始までに子供たちは何をどのようにするのかをはっきりさせていますか。
- ☐ 授業終了後は，資料を整理し，成果と課題を明確に述べられるようにしていますか。

(注1) 本書の事例に加えて，水戸部修治編著『小学校国語科　質の高い言語活動パーフェクトガイド　1・2年，3・4年，5・6年』，明治図書，2018，水戸部修治編著・葛飾区立綾南小学校著『小学校国語科　ペア・グループでの話合いがうまくいく！対話的な文学の授業づくりアイデアブック』，明治図書，2019　等を参照いただきたい。

(注2) 単元構想に当たっては上掲の『小学校国語科　質の高い言語活動パーフェクトガイド　1・2年，3・4年，5・6年』に所収の「単元構想メモ」等を活用いただきたい。

(注3) 学習指導案作成上の詳細な留意点については，水戸部修治編著『「単元を貫く言語活動」を位置付けた小学校国語科　学習指導案パーフェクトガイド　1・2年，3・4年，5・6年』，明治図書，2014　等を参照いただきたい。

Chapter**3**
ここがポイント！研究授業の見方・分析の仕方

配布された学習指導案のどこを読むか

授業を見る際の多様な立場

　Chapter 2 までは，授業者の視点，つまり学習指導案を作成し授業を実施する立場から研究授業の準備や学習指導案作成の進め方を検討してきた。ここからは視点を変えて，授業を見る側が何をどのように見て共同研究を進めていくかを述べていきたい。

　授業を見る際の立場は様々である。校内の同学年等の教師として事前検討を行い授業者に近い視点で授業を見る立場から，校内の他の学年等の教師として参観する立場，他校の参観者の立場，指導助言者の立場，講演者の立場と多様に考えられる。どの立場であっても貴重な授業実践提案から学ぶ共同研究者であるという点では共通の土俵にいるとも言える。

学習指導案への着眼点

(1)当日会場で配布される場合

　授業研究会では，学習指導案を当日，授業会場で手にする場合も多いことだろう。その際は，例えば以下のような点で授業提案の趣旨を端的に把握することが考えられる。

①単元の指導目標，評価規準を基に，当該単元のねらいをつかむ。

②単元の指導計画等を基に単元展開の概要を把握しつつ，言語活動がどのように位置付けられているか，本時は指導過程のどこに位置するかをつかむ。

③本時の指導のねらいを把握し，本時の指導過程からどんな授業になるかをイメージする。

　同一時間帯に複数の授業が行われる場合は，一つの授業に絞るのか，複数の授業を参観するのか，それぞれの授業研究会参加の目的に応じて判断する必要がある。

(2)事前に配布されている場合

　学習指導案を前日以前に手にすることができる場合は，学習指導案全体を丁寧に読み，提案の趣旨を把握し，自分なりの授業像をもって参観することが望まれる。

①指導目標等について

　指導のねらいが変われば指導の在り方も変わる。また本時の指導のねらいは，単元の指導目標を基に設定される。そのため，本時のねらいのみならず単元の指導目標から確認する必要がある。本時の授業のどこがよかったか，改善点は何か，自分の指導にも取り入れたい点は何かなどを検討する際のよりどころとなるものが単元の指導目標である。その際，国語科においては指導目標を適切に設定すること自体に難しさがあることに留意したい。そのため，より具体的には以下のようなポイントが挙げられる。

　単元の指導目標や本時の指導のねらいは，学習指導要領のどの指導事項等に対応するものなのかを確認する。判然としない場合は，どの指導事項に該当するか予測しておく。指導事項の趣旨とずれていると考えられる場合は，本来はどのような指導目標を設定すべきなのかについ

て仮説をもつ。また，「単元の指導目標—単元の評価規準—単元の指導過程における評価規準—本時の目標—本時の評価」といった一連の記述内容にずれがないかどうか確認する。ずれがあるならば，本来はどのようなねらいであるべきか仮説をもつ。

　なお，指導目標設定のよりどころとなるのは年間指導計画や児童の実態，教材等の特質等である。こうした点から論理的に目標が設定されているかどうかについても読み込んでおきたい。

②言語活動について

　国語科は学習指導要領の教科目標に「言語活動を通して」資質・能力の育成を目指すことが示されている通り，言語活動を通して指導を行うことを基本的な枠組みとしている教科である。そのため，言語活動の質が授業の成否の鍵を握る。そこで，学習指導案に単元のゴールとなる言語活動やその特徴が記述されているかを確認することが参観に当たっての重要な視点となる。言語活動については述べられているが，特徴が不明な場合は，どのような特徴をもつ言語活動であれば，指導のねらいとしっかり結び付くのかについて仮説をもつ。言語活動自体が位置付けられていない場合は，本来は指導のねらいに照らしてどのような言語活動を位置付ければ，子供たちの学習がよりよいものになると考えられるのかについて仮説をもつことが望まれる。

③学習活動について

　単元や本時の学習活動を是非子供の目線で読んでみたい。導入は紋切り型ではなく，子供の思いや学びに向かう主体的な態度を醸成する手立てがとられているか。子供にとって魅力あるゴールに向けて，1時間1時間の学習が意味のあるものとしてつながっているか，ゴールに向かい子供自身が選択したり，試行錯誤したり，学んだことを生かしたりできるものとなっているか。こうした点から学習指導案の提案性の優れた点や課題点を明らかにすることが望まれる。

Chapter 3

授業参観に向けたポイントの整理

　前項までに見てきたような，学習指導案の記述から想定される授業像をもつとともに，学習指導案を読んだだけでは判然としない点，是非注目したい教師の手立てや子供の学びの姿などをリストアップして参観に臨みたい。

研究授業に向けて，
ここをチェック！

□　指導目標や言語活動，単元や本時の展開など，授業提案の趣旨を把握していますか。
□　こんな授業になるだろうという授業像をもっていますか。
□　気になる所，是非見てみたい所をはっきりさせていますか。
□　気になる所には，もっとこのようにしてはどうかといった仮説をもっていますか。

2

教室のどこに立ち，何を見るか

授業を参観するということ

　研究授業で最も多くのことを得られるのは授業者本人である。多くの場合，本時までに多大な時間と労力とを費やして授業に臨むこととなるからである。参観者は，そのようにして提供される授業によって学びを得ることができる。そうした貴重な機会を大切に生かすという視点で，授業をどのように見ていくかについて論じていきたい。

教師の指導

　指導の在り方はねらいに規定される。例えば「教材文のここをこのように読み取らせる。」ことがねらいだと捉えてしまえば，教師が発問を駆使し，想定する解釈に巧みにもっていくことが優れた指導であることになってしまう。しかしこの場合，ねらい自体が本質から外れたものである。本質的な指導のねらいが何なのかを自分なりにつかみ，それに照らして教師の指導を注意深く見る必要がある。優れた指導においては，教師が何かを教え込むのではなく，子供が学ぼうとする姿を引き出すため，一人一人に対して緻密で確かな指導が行われている。どこに向かって学ぶのかという目的を自覚したり，そのゴールに向かって必要となることを見通したりできる言葉掛けを工夫し，子供にとって意味のある学習となるようにしているのである。

(1)一斉学習場面での指示や発問

　指示や発問がねらいとどう結び付いているのかを考えながら，ポイントとなる教師の言葉を逃さず把握したい。例えば低学年の聞くことの指導事項である「A　話すこと・聞くこと」の「エ　話し手が知らせたいことや自分が聞きたいことを落とさないように集中して聞き，話の内容を捉えて感想をもつこと。」で，「自分が聞きたいことを落とさないように集中して聞」くことが重点なら，「話し手をしっかり見てうなずきながら聞きましょう。」，「話し手が言ったことは何ですか。」等にとどまらず，「自分が聞きたいことが何なのかをよく確かめて聞きましょう。」，「あなたが一番聞きたいことは何ですか。」等の指示や発問を工夫することが想定される。

(2)個別，ペア・グループ学習場面での指示や発問

　机間指導の際，一斉場面での指示や発問だけでは対応しきれない子供の個々の状況を踏まえた指示や発問がどう行われているのかを把握したい。その際は，教師の指導や子供たちの学習に支障のない範囲で，教師と子供のやり取りが聞こえる場所に移動してどのような支援を行っているのかを把握し，それはどのような意図によるものかを考えてみることも有効である。

子供の学び

　「主体的・対話的で深い学び」を実現する視点からの授業参観であるならば，教師がどう教えているかにとどまらず，むしろ子供がどう学んでいるのかをつぶさに見ていく必要がある。

とりわけ教師の意図に応えてくれる子供ばかりではなく，国語に苦手意識をもっていると思われる子供，支援を要する状況にあると思われる子供の姿から学ぶことは多い。

　一斉学習場面では，できるだけ教室の前方に近い位置に立てば，教師の動きと教室全体の子供の表情を把握しやすくなる。個別の学習場面では，子供たちのノート等への記述内容や，本や文章をどのように読んでいるのかなどを把握するため，上述のようなポイントとなる子供を中心に子供の脇にかがんで学習状況を把握することが考えられる。

　ペア・グループ学習の場合も，子供たちの声や動作，表情を把握できる場所から参観したい。例えば子供たちのやり取りが続かなかったり，書いたものを読み上げるだけになったりしている場合，子供たちが話し合う目的や必要性を実感していないことが考えられる。そうした目的や必要性を実感できるようにするためにはどうすればいいのか，子供の側からの目線で考え，指示や発問をどのように改善すべきかを検討しながら参観することが有効である。

　反対に，子供たちの学びの姿が素晴らしい場合には，「子供が素晴らしい」で終わるのではなく，こうした子供の姿をどのようにすれば引き出せるのか，他の子供たちにも広げられるのかという視点で教師の指導の在り方にフィードバックすることが重要になる。

　一方で，教師が「第3場面の○○の気持ちを読み取ろう。」などと指示しているにもかかわらず，ペア学習において違う場面のページを開き，「ここで□□してるところが面白いね。」などと話している子供の姿を見る場合がある。一見教師が押さえさせたい教材文の読み取りの内容からそれた的外れな読みのように見える。しかし，指導のねらいが低学年の「Ｃ　読むこと」の「エ　場面の様子に着目して，登場人物の行動を具体的に想像すること。」であるならば，その姿は，面白いと思う場面の様子に自ら着目して，登場人物の行動を具体的に想像している姿であり，指導のねらいをよりよく実現することにつながる姿だと解釈することができる。そしてこうした姿はしばしば教師が「この子は国語があまり得意ではない」と考えている子供に見られるものである。そうしたデータの積み重ねが，場面ごとに読むことを前提としてしまうのではなく，子供自ら好きな場面の様子に着目できるような授業づくりへと改善を図っていく際の重要な根拠ともなるのである。

研究授業に向けて，ここをチェック！

> □　本質的な指導のねらいが何なのかを考えていますか。
> □　指導のねらいに照らして，教師の指示や発問を把握していますか。
> □　子供たちの具体的な学習状況や表情が見える立ち位置で授業を見ていますか。
> □　子供たちの学びの姿から，さらなる授業改善の手掛かりを得ることができていますか。

授業展開の何を記録するか

目的に応じた記録の視点

　授業中の子供や教師の発話や記述等は，授業分析の客観的なデータとなる。授業の成否やその要因の判断材料となり，今後の授業改善に向けた貴重な資料にもなる。しかし授業を何となく眺めているだけでは何も見出せないままに過ぎ去ってしまう。そのため参観する際は，目的に応じた視点をもち，その視点に関連するポイントで記録を取る必要がある。

　記録を取る目的としては，教師の指導の在り様や子供の様子を見極めて自分の授業づくりの参考にしたい，共同研究者として授業づくりの方向性が妥当だったのかを確かめたい，指導助言者として授業について根拠を示しながらコメントしたいといった多様な目的が想定される。それぞれに記録する視点は異なってくる。例えば授業実践者として自分の授業に生かしたいのならば，自分の学級の子供たちの姿を念頭に置いて参観し，共通点や相違点を明らかにして記録することも考えられる。ただし，どんな立場や目的であっても，前述してきたように授業における本質的な指導のねらいは何かを念頭に置くことが，難しいことではあるが重要になる。

記録の方法

　記録の方法としてまず考えられるのはメモである。本時の学習指導案に即してその余白にメモする場合もあれば，別紙を用意してより詳細に記録する場合もある。いずれの場合も記録すること自体が目的にならないようにする必要がある。

　写真や動画撮影は，個人情報保護と著作権等に配慮する観点から当該校の同意を得ることが前提となる。その上で，記録したものを後刻あるいは後日共有する上では非常に効果的なものとなる。また効果的な掲示物などの写真は貴重な資料になる。前述のように子供に寄り添って参観し記録する場合などは，学習指導に支障のないようにすることが必要である。仮に子供たちが気になって学習に集中できないようであれば，いったんその場から離れる必要も出てくる。

　なお研究授業以外でも自分自身の指導の在り方を振り返るために，自分の授業を録画する場合もある。自分自身の指導を再生して見るのは非常に面映ゆく，時には勇気のいることである。しかし，自分では気付かない指導の癖を発見したり，指示や発問の意味が子供に理解されているかどうかを客観的に確かめたり，一見的外れに思えていた子供たちの発言の真意に気付かされたりと，授業改善のための手掛かりが豊富に得られる。発話の記録を部分的にであっても起こしてみることで改善のヒントが得られるが，長期休業中に再生して見るだけでも効果がある。特に担任する学級の子たちに国語の力が付いていないと悩む教師には是非お勧めである。

記録の視点

(1)発話の記録

授業に見られる発話を具体的に書き取ることは記録の際の重要な方法になる。ただし，記録係等として授業全体の正確な発話の記録を起こすことを目的とする場合を除けば，その目的に照らして必要なタイミングで記録することとなる。具体的には，教師が指示や発問をいつ，どのような言葉を用いて行ったかをメモしたり，子供がいつ，どんな発言をしたかを記録したりすることが考えられる。教師と子供，子供同士のやり取りも同様である。例えば子供たちがグループで夢中になって話し合っている姿が見られる場合，そのような姿が生まれる要因を見付ける際に，子供たちの会話の内容の記録が有効な手掛かりになる。

(2)記述の記録

記述の記録は，発話の記録より容易である。子供たちが記述しているところをリアルタイムで見なくても，記述の結果は後刻把握することも可能である。例えばノート記述から学級全体の状況を把握したり，個々のノート記述を読んで子供の具体的な考えを把握したりできる。その際，記述されている内容が子供たちの思考を全て表現しているわけではないことに留意し，書きかけで終わった記述から子供が書き表したかったことを推察することも有効である。

なお，書いている行動をリアルタイムで観察する場合は，いったん書いたものを消して書き直すなど，最終的な記述に至る子供の思考過程を推察する手掛かりも得ることができる。

(3)行動の記録

上記の他，子供たちの行動や表情を記録することも考えられる。例えばページをめくって指をさしながら文章を読んでいる様子から，複数の場面を結び付けて読んでいるのではないか，といった推論も可能になる。指導のねらいに即したらきっとこんな行為が期待されるのではないかと仮説をもちながら見ることでそうした一瞬の動きを捉えることが可能になる。

(4)参観しての仮説や判断や感想，考え

子供の学びや教師の指導は視点をもって記録しないと具体の姿が失われがちであるが，参観中に生じる参観者としての気付きや発見もまた，記録しないと失われたり整理しにくくなったりする。学習指導案を読んで気付いたことを予めメモしておき，そこを視点にして参観したり，授業を見て気付いた自分自身の判断や考えなどをメモしたりしておくことが大切になる。

> **研究授業に向けて，ここをチェック！**

- □ 記録する目的や方法を決め，必要な場合は許可を得ていますか。
- □ 本質的な指導のねらいが何なのかを考えていますか。
- □ 記録の目的に応じて自分の視点をもって記録していますか。
- □ 記録を振り返って，何が明らかになったかを確かめていますか。

事後研では何をコメントするか

授業者として

　事後研究会での授業者のコメントの機会として自評がある。授業の意図を自分の言葉で明確に述べることが大切になる。具体的には，本時のねらいは何か，そのねらいと本時の指導がどう結び付いているのかを説明する必要がある。単元や本時の指導目標は学習指導案に記載されているが，そのようなねらいを設定した背景にはこれまでの指導の経過や，その際の子供たちの実態があるはずである。また，子供たちにとってこんな力が必要だという思いもあることだろう。さらには学習指導案には書ききれない，子供の個々の状況を踏まえた教師としての願いを抱いて授業に臨む場合もある。そうしたことを自分の言葉で説明できるようにしたい。

　指導のねらいと本時の指導の結び付きを説明する際，本時だけでは見えにくいこれまでの指導経過や，この後の指導の見通しを添えると，参会者には指導の意図が伝わりやすくなる。

　経験を積んだ熟練の教師でも，授業が想定外の展開になってしまうことは往々にしてあることである。その際，授業を振り返って，ねらい自体が妥当だったのかどうか，そしてねらいが妥当であるならば，指導の手立てのどこをどのように改善すればよいのかを考えて述べられるようにしたい。ただ，授業終了時点ですっきり改善の方策が分かるわけではない。そのためむしろ，子供の個々の様子はどうだったか，手立てをどのようにとればよかったのかなど，授業者個人では把握しきれない点について，参観者に問いかけることも大切になる。

参観者として

　校内授業研究会では，少人数で協議を行う場合も多く，そうした場では全員が発言することとなる。その際は積極的に授業に対するコメントを述べたい。しかし授業研究会の規模によっては全員が発言できるわけではない場合も多い。また事後の研究協議がなく，すぐ講演等に移る場合もある。自分が実際に発言できる機会がなくても，自分ならどのようにコメントするかということを具体的に想定することがとても重要になる。

　参観者として発言する場合は，可能な限り子供たちの発言や記述などのメモ等を用いたい。「この子はここでこんな発言をしていた。」といった事実に基づくコメントは，授業者にとっても非常に有益であり，授業改善を進める手掛かりになるものである。初任の教師や当該の教科を指導していない教師にとっては，何を発言してよいか分からない場合もあることだろう。そのような場合も，子供の具体的な様子をありのままに提示することで，有益な情報提供となる。

　協議においては，授業の意図を質問したり，改善点を提案したりする場合もある。その際も，授業者の指導のねらいと，子供の実際の姿とを結び付けてコメントすることが有効になる。

指導助言者として

指導助言者には，授業に関しての明確な意味付けが求められる。研究授業の実施時期や，事前の指導案検討に関わっているかどうか，校内研究会なのか外部からの参会者を募る公開研究会，研究大会等なのかでもコメントの内容が変わってくる。

(1)校内研究会の場合

授業提案の趣旨を学習指導案等から事前に把握し，その趣旨を踏まえてコメントすることが求められる。当日の授業の実際を踏まえて，指導のねらいの設定は妥当だったか，修正するとすればどのように考えられるか。ねらいに照らして指導の在り方は妥当だったか，改善するとすればどのような手立てが考えられるか等を具体的に提示したい。その際，前述のような子供たちの具体的な学習行為やその記録を用いながら，どこがどのように良かったのか，さらなる改善点はどこにあるのかを示すことが望まれる。また授業者及び参観者の悩みや課題意識を協議中の発言などから把握し，具体的な改善案を提示することも大切な役割となる。

学習指導案の作成段階から関わっている場合は，当初の授業構想を，どう改善して当日に至ったのかについても把握しやすい。そこで，当初の授業構想に比べて，改善を図ったことで，どこにどのような成果として現れたのかを，校内で共有できるようなコメントが求められる。

一方，授業実践上の課題が明らかになることもまた，授業研究の成果の一つであると言える。課題点を具体的に指摘し，今後どのような方向で改善を図るかを具体例を挙げながら示すことも，校内研究会の場合は非常に重要になる。その上で，光る子供の姿を取り上げその発言や記述などの意味や価値を解説することで，授業改善の成果の共有を図りたい。

(2)公開研究会等の場合

公開研究会等では，多くの場合指導案検討等を通して事前に提案の趣旨を把握して臨むことになる。その意味では助言者も共同研究者としての立ち位置をもつ。そのため公開研究会等では，授業改善に向けて授業者がどのようなチャレンジを行ったのか，その結果どのような成果が見られたのか，あるいはさらに授業改善を進める上でどのような改善策が考えられるかを，具体的な子供の姿などを取り上げながら解説し，参会者と共有することが重要になる。なお，授業提案についての助言者ではなく講演者の立場であっても，よりよい授業づくりを目指す立場から，当日の提案授業を取り上げ，その工夫改善の取組を価値付けることが望まれる。

> **研究授業に向けて，ここをチェック！**

- ☐ 授業者として，授業の意図を明確に述べていますか。
- ☐ 参観者として，子供の姿を取り上げて授業から学んだことを明らかにしていますか。
- ☐ 指導助言者として，授業提案の成果と課題を具体的なデータで解説していますか。

Chapter**4**
研究主任になったらこうする！校内研究の進め方
研究主任の仕事とは

校内研究の意義

　学校の教育活動の中でも校内研究は極めて重要な位置付けをもつ。教育活動の中核となる授業の質的な改善を担うものだからである。学校経営上直面する課題は多岐にわたるが，学校全体として授業改善を推進することが，そうした諸課題の解決にもつながるものとなる。また校内で力を合わせて教師としての力量を高め合っていくという点でも，その意義は大きい。

研究主任の役割

　校内研究の中核を担うのが研究主任である。地域・学校によっては研究部長，研究推進委員長などその呼称は様々であるが，重要な役割であることに変わりはない。ここでは「研究主任」の呼称を用いることとする。学校の研究推進の成否を左右するキーマンは，端的に言えば校長と研究主任である。校長は学校経営上の重要課題として研究推進を位置付け，それを研究主任が的確に推進することで，研究は大きく進んでいく。研究主任の役割は多岐にわたり，また学校規模等によっても異なるが，共通することとして例えば以下のようなものが考えられる。

(1)研究推進の方針等の提案

　研究主任自身が，研究推進について十分に理解し，さらなる推進に向けてどのような方針と具体策を提案するかを構想することが重要になる。

(2)研究方針及びその具体策に関する共通理解の促進

　前項に加えて，校内で共通理解を促進し，実際に研究を進めていくことが必要になる。

(3)校内外の教育活動との調整

　研究を実際に行うため，校内外の他の教育活動との調整を図ることが求められる。

(4)情報収集と活用

　研究を進めるために必要となる情報を的確に収集し，校内で共有することが大切になる。

校内研究推進上の留意点

(1)前年度の課題を踏まえた校内研究の枠組みづくり

　校内研究を進めるために必要な基本的な枠組みを提案し，学校全体で共通理解を図ることが必要になる。例えば，研究主題，研究組織，授業研究実施方針などを具体的に立案することとなる。その際の手掛かりとなるのは，前年度の校内研究の成果と課題である。課題が具体的で鮮明なものであればそれをよりどころに，どこを継続させ，どこを変えるのかを明らかにすることとなる。しかし，課題点が不明確な場合も多い。その際は改めて，前年度の課題は何だったのかを整理する必要がある。この方向付けを誤ると，校内研究が１年間路頭に迷うことになりかねない。例えば研究推進委員会等を活用して十分に課題意識を共有して進めていきたい。

(2)トップダウンとボトムアップによる共通理解促進

校内研究を進める際には，トップダウンとボトムアップのバランスが重要になる。方針や基本的枠組みを的確かつ明確に示すことが重要であると同時に，それを具体化するためには各教師の課題意識等を踏まえる必要があるからである。その際，前述の研究推進委員会など，トップダウンとボトムアップを円滑に繰り返すための研究組織体制が重要になる。

もう一点共通理解を図る上で重要になるのは，校内はもちろん，研究成果を校外に発信する際にも広く理解してもらえるような表現に努めることである。研究を深めようとするあまり難解な言葉を用いてしまい，校外はもとより校内でも共通理解が得られないといった状況に陥らないようにする必要がある。また，何らかの方針を示す際に重要になるのは，根拠と具体例を併せて提示することである。これによって，校内の教師がそれぞれに「それなら自分の学年・学級・教科等では……」というように置き換えて考えられるようになるからである。

(3)校内研究の日常化

校内研究は，特殊なことを特別に行うことではない。日常的な授業づくりに反映してこそその成果が大きなものとなる。例えば職員室で，子供たちの国語の学習の様子が数多く語られるようになる，「次の授業ではこんな言語活動を工夫してみる」といった教師の会話が交わされる，そうしたことが重要な意味をもつ。研究主任は組織的な取組をシステマティックに進めるだけではなく，そうした雰囲気を醸成する役割をも担うこととなる。そのためには，各教師が子供の良さに目を向けられるように配慮したい。「あの子がこんなに夢中になって取り組むなんて予想外だった」といった実感が授業改善を進める原動力となるからである。

(4)情報収集と共有

授業改善を進める上では，教師が目指す授業像を的確にイメージすることが大切になる。この授業像を描くためには，優れた授業を実際に見ることが極めて有効である。しかし，そうした機会がなかなかもてないという現状も多く見られるところである。研究主任は可能な限りアンテナを高くして情報を得るとともに，的確に情報を選び取る能力を高めることが求められる。それによって，校内の教師が，他校の研究発表に参加する際の効果も大きく異なってくる。

研究授業に向けて，ここをチェック！

☐ 研究主任の役割を理解し，研究推進の枠組みの立案と共通理解に努めていますか。
☐ トップダウンとボトムアップのバランスに留意し，研究が着実に進むよう心掛けていますか。
☐ 学校全体に授業改善の雰囲気が醸成されるよう配慮していますか。

校内研究の枠組みづくり

校内研究推進の目的の共有

　改めて，なぜ校内研究を進めるのかについて共通理解を図りたい。社会が激しく変化し，学校を取り巻く環境も激変していく中で，不断によりよい授業を目指していくことは，子供にとって，学校全体にとって，そして教師自身にとって重要なことである。

研究教科等をどのように設定するか

　この問題は，中学校にはない小学校特有のものである。国語科だけに絞り込む場合もあれば，複数教科から選択する場合もあり，さらには各自が教科等を決める場合もある。それぞれにメリットとデメリットがあるが，本書では国語科に絞る場合について検討してみよう。

　デメリットとしては，教師個人として他教科等を研究したい場合，校内研究に合わなくなる点が挙げられる。また国語科以外の専科担当の場合，研究に参加しにくくなる。この点については，例えば国語科とそれ以外の各自が選んだ教科等の双方に取り組めるような年間のスケジュールにしたり，国語科と専科の教科の関連について研究したりできるようにするといった運用上の工夫が考えられる。

　メリットとしては，各学年の系統性が生かせることが挙げられる。また，授業改善に共同で取り組める点も大きい。国語科は，一つの学年，一人の教師だけが奮闘しても，子供たちの姿で成果を明らかにすることはなかなか難しい教科である。中学年までに物語の好きなところを紹介したり説明したり，交流して物語の面白さを共有したりする学習経験がなければ，高学年で作品の推薦などのより複雑な言語活動に挑んだり，縦横無尽に交流の学習活動を展開したりすることはなかなか難しい。反対に，低学年から言語活動やそれを支える交流などの具体的学習活動に習熟していれば，高学年での学習も過度な負担や支障がなく行うことが可能となる。

　国語科に絞ることで成果の集約も容易になるし，言語に関する能力育成の中核となる教科であるため，成果の他教科等への波及効果も期待できる。なお，研究の成果は1年ですぐに出るとは限らない。一定期間は継続して取り組むという見通しや校内の共通理解が重要になる。

研究主題・副主題をどのように設定するか

　研究主題は，学校の教育目標を踏まえつつ大きな方向性を示すものである。どう設定するかということ以上に，どのように日常的に意識化を図るかが重要になる。例えば「主体的に学習に取り組む子供の育成」といった主題を掲げても，授業の具体の検討場面では「子供の勝手な読みに任せてはいけない。」といった論調に陥らないよう留意する必要がある。

　副主題については，国語科の場合，領域等を絞るかどうかの判断と関わる。例えば「話すこと・聞くこと」，「書くこと」，「読むこと」のいずれかの領域に絞って研究する場合が考えられ

る。「読むこと」の場合は，「文学的な文章」か「説明的な文章」のいずれかにさらに重点化する場合もある。領域等を絞る場合は，多くはそれが副主題の設定に反映することとなる。

　領域を絞る場合のメリットとしては，系統性が明確になること，それ故学年の重点がはっきりすること，研究成果や課題を共有しやすいことなどが挙げられる。一方デメリットとしては，教師個人の課題意識が反映されない場合が出てくることや，「話すこと・聞くこと」に特化した場合，単元数が限られてしまうために年間を通した指導というより，学期に1回だけ取り組む形になってしまい，効果が上がりにくいことも考えられる。こうした場合は，重点的に取り組んだ成果を国語科の他領域の学習や他教科等の学習に生かすという視点も重要になってくる。

研究体制をどのように組織するか

　研究体制は，一般的には研究を推進する要となる研究推進委員会等を組織しつつ，学校全体の組織化を考えて整えていくこととなる。

　学校全体の組織化を図る際には，学校規模及び研究の重点をどのように設定するかによって考えることとなる。研究の柱を一つに絞る場合，例えば「書くこと」に重点化した研究を行う場合などは，学年あるいは低・中・高学年部，もしくは上・下学年部などを基本単位として研究を進めることが考えられる。一方，「書くこと」及び「読むこと」など，複数の領域を中心に研究を進める場合は，その領域ごとに部会を組織することが考えられる。

　いずれの場合も，各部会相互の関連を図る機会をどのように設定するかを考えることが重要になる。また授業研究に直接関わる部会以外に，言語環境整備や学校図書館との連携，より日常的な取組や学力向上といった課題テーマごとに部会を組織することも考えられる。

研究授業の実施方針をどのように設定するか

　研究授業の実施に際しては，例えば全員が年1回研究授業を行うなど，具体的な実施方針を決めることが必要になる。その際，校内の教師の共通理解を図りながら基本的な方向性を確定することとなる。冒頭で述べたように，研究授業の重要性や有効性を共有しながら，一人一人が主体的に取り組めるような進め方を模索していくことが重要になる。

> **研究授業に向けて，ここをチェック！**

□　研究推進の目的を共有しながら研究体制を組織していますか。

□　全員が主体的に参加でき，協力して研究を進められるような体制になっていますか。

□　不断に見直しを図りながら，研究推進に機能する研究体制を構築していますか。

年間スケジュールの立て方

年間スケジュール立案の基本的な考え方

　学校規模や研究指定，研究発表会等の有無などによってその年間スケジュールは大きく異なる。ここでは，研究発表会を1月末に実施すると仮定して，年間スケジュールをシミュレーションしてみたい。なお，研究主任だけではなく，校長等が行うことも含めて挙げてみたい。

年間スケジュールのシミュレーション

月	内容	留意点
4	・前年度の成果と課題の確認，研究体制の確立 ・研究教科，研究主題等，研究授業方針等の決定 ・研究発表会開催概要決定 ・研究発表会に向けたスケジュール検討	・年間の講師等については，管理職を通じて依頼 ・授業者等についても決定
5	・1学期の研究授業の指導案検討，研究授業実施 ・研究提案の概要検討	・1，2学期の研究授業については，研究発表会での単元を見据えて可能な限り同系統の単元を選定
6	・校内の言語環境整備の確認 ・研究紀要の内容構成確定	
7	・1学期の反省，共通実践事項の確認 ・**研究発表会の授業の単元の決定**	・半年前を目途に単元及び指導目標，言語活動等を構想する。
8	・**研究発表会の授業の単元構想検討** ・研究提案原稿完成	・研究発表会第1次案内発出
9	・2学期の研究授業の指導案検討，研究授業実施 ・研究紀要掲載用実践のまとめ作成	・3か月前を目途に単元構想決定及び，学習指導案を作成，検討
10	・**研究発表会の単元構想決定と指導案検討**	
11	・研究紀要原稿とりまとめと内容確認 ・研究発表会当日細案完成	・第2次案内発出
12	・**学習指導案完成** ・研究紀要入稿	・研究協議会の運営細案確認 ・参加者名簿等取りまとめ
1	・校内，教室環境等の最終確認 ・研究発表会	
2	・研究発表会の振り返り	・当日の様子を記録し，まとめに生かす。
3	・研究の成果と課題のまとめ ・次年度に向けた改善点の整理	

年間スケジュール立案のポイント

(1)役割分担と順位付け

　年間スケジュールを立てる際，実際には管理職がすること，研究主任がすること，研究推進委員会がすること，各学年等がすることなどを明確にして役割分担を行うことが大切になる。

　また実際に様々な準備をしていく際に，その重要性等に基づき，優先順位を考えて取り組むことも必要である。

(2)研究推進，授業構想及び実践に関わること

　研究発表会や大会等の種類や目的によって異なる側面もあるだろうが，当日の授業の成果を参会者と共有し，よりよい実践に向けた契機とすることがその大きな目的となる。そのためには，授業の質を高めることに最も意を注ぐこととなる。これまでにも検討してきたように，国語科の授業づくりは単発的なものではなく，学校全体での継続的で系統的な取組によってよりよく実現していくものである。具体的には単元構想と指導案検討を軸に，授業構想から実践までを組織的に取り組めるようにすることが必要になる。

　また研究発表会に際しては，研究紀要などの形にまとめ，当日までの実践やその成果を参会者に理解してもらえるようにする場合も多い。これも，よりよい実践に向けた取組の一環として，学校としての取組の重点は何か，その成果の具体例はどのようなものかが端的に分かるような形式を工夫することが望まれる。

(3)研究発表会の運営に関わること

　授業を中心とする研究発表会であるが，その運営にはより多くの方々の協力を得ることが大切になる。外部との連絡，当日の細案，案内状の発送等々は，主には管理職を中心として担当することとなるため，管理職との連絡を密にして進めることが求められる。また日程やスケジュールの調整は教務主任等との連携が欠かせない。この他にも例えば参会者の学校までの誘導や，駐車場の管理などは授業には直接関わらない立場の人々が担当する場合が多くなると考えられる。こうした役割に携わる人々の尽力があってこそ，発表会も円滑に実施することができる。研究主任はこれらの分担の依頼を行う立場にはないが，こうした人々のことも念頭に置いて準備を進められるようにしたい。

Chapter
4

研究授業に向けて，ここをチェック！

- ☐　年間のスケジュールを立案し，共通理解を図りながら具体的に進めていますか。
- ☐　学校全体の動きを視野に入れて，研究を進めていますか。
- ☐　年間スケジュールは余裕をもって立てられていますか。

授業研究会の持ち方

事前の指導案検討会

(1)指導案検討会のねらい

　事前の指導案検討会のねらいは多岐にわたるが，代表的なものとして次のことが挙げられる。

①授業者の提案に対する共通理解促進

②学習指導案のブラッシュアップ

(2)具体的な留意点

　指導案検討が詳細になり過ぎ，授業者が元々提案しようとしたことが何なのか見えにくくなってしまう場合がある。第一義的には授業者の指導のねらいやそれに基づく授業構想，そして現状の悩みや課題点などを共通理解することが重要である。

　学習指導案のブラッシュアップに際しては，Chapter 1 ②（p.8）及び③（p.10）で述べたことを基に検討することとなる。その際，当該単元ではどの指導事項等を重点的に指導するのかを確認し，その指導のねらいを実現するための言語活動を共同で吟味することが重要になる。ねらい自体がずれていないかを検討するに当たっては『小学校学習指導要領（平成29年告示）解説　国語編』を持ち寄り，指導事項の趣旨を共同で確認することが大切な手続きになる。

　指導のねらいの妥当性が確認されたら，言語活動について検討を行う。例えば言語活動がリーフレット型ツールであれば，試作品を持ち寄ってその有効性を検証することが考えられる。「読書会」を位置付ける場合，教師が読書会を実際に何度か体験してみることが重要な教材研究となるが，これは一人では行えない。そこで，事前の検討会で実際に行ってみて，指導のねらいの実現に結び付くのかどうかを確認したりどのように授業を進めればよいのか手掛かりを得たりすることが考えられる。さらに単元の学習過程が子供たちにとって目的や必要性を実感できるものとなっているかを確認する。こうした授業の基本構想を固めた上で，本時の検討に入ることとなる。いきなり本時の発問の検討に入るといったことのないように留意したい。

授業の参観

　授業をどのように見るのかについては，Chapter 3 ②（p.24）及び③（p.26）に述べた通りである。校内研究の進め方の観点から考えると，さらにいくつか具体的な参観の方法が考えられる。

　例えば特定の児童に視点を当てて，同学年の教師や研究推進委員で分担して，詳細に学習活動の状況を把握し記録することが考えられる。教師が何を教えたかということ以上に，子供が何を学んだのか，学んだことをどのように生かしているのかといったことの把握が重要になることを考えると，有効な手立てであると考えられる。また反対に，学習につまずきなどが見られた場合，その状況を克明に記録することでその要因を推論するための重要なデータとなる。

　子供たちの学習活動がペアやグループ学習中心になる場合は，やはり役割分担して，いくつ

かのペアやグループについて重点的に学習状況を記録することが考えられる。

事後の研究協議会

事後の研究協議会の持ち方は学校や地域等によって様々である。比較的一般的なのは，①授業者による自評及び学年提案等の解説，②質疑応答と協議，③指導・助言といった形である。

協議の形態も学校等の規模など参加人数によって異なる。校内授業研究会の場合，大規模校で参加者数も多ければ，グループ協議中心になることが考えられる。近年では，協議の視点を設定し，その視点ごとに付箋を用いて成果と課題を書き出して整理したりするなどの工夫が多く見られる。また，本時の学習指導案の拡大コピーを用いて，時系列に授業の成果と課題を書き出すなどの工夫も見られる。共通に重要なこととして，以下のことが挙げられる。

⑴指導のねらいの確認

授業方法や具体的な指示や発問の妥当性は，指導のねらいを基に検討する必要がある。そのため，本単元や本時で付けたい力は何だったのか，その付けたい力自体は妥当だったのかを確認しながら協議を進めていくこととなる。その際もやはり，『小学校学習指導要領（平成29年告示）解説　国語編』を参照しながら検討することが望まれる。

⑵子供の具体の姿を基にした検証

Chapter 3④（p.28）でも述べた通り，授業で目の当たりにした子供たちの姿を基に協議することが大切になる。子供たちの発話や記述を基に協議し，課題があるとすればそれを改善するための具体的な提案を模索していくこととなる。

成果と課題の蓄積

事後の研究協議を経て，研究授業での成果と課題をどう明確に整理するかが重要になる。その際，以後の授業者等がいつでも参考にできるように，成果と課題を端的にまとめるための共通のシート等を作成し，それを学校として蓄積・共有していくことが考えられる。また，学習指導案に改善案を朱書きして保存していくことも有効である。授業の成果も課題も，貴重な授業提案を通して得られた学校の共有の財産であり，それ自体が研究成果であるとも言える。

> **研究授業に向けて，
> ここをチェック！**

□　学習指導案作成のポイントを押さえ，指導のねらいや言語活動を吟味する指導案検討を進めていますか。

□　事後の研究協議で明らかになった成果や課題を，共有できる形で蓄積していますか。

Chapter**5**
指導案でみる学年別研究授業事例15

「どうぶつの赤ちゃん」（光村図書1年下）

1 単元名・実施時期

単 元 名：みてみてきいてどうぶつの赤ちゃん〜ずかんをつくってしょうかいしよう〜

実施時期：2月

2 授業構想と授業実施までの手立て

付けたい力の決定

　本教材は1年生のまとめとなる説明文である。そこで，授業の約半年前から，「Ｃ　読むこと」のウ（精査・解釈）に重点を置き，科学的な読み物を自分で選んで読み，大事な語や文を考えて書き抜くことで成果物を作成させたいと考えていた。

教材選定・教材開発・教材研究

　一人に一冊の本を持たせられるように，授業の約2か月前から学校図書館や市立図書館を活用し，並行読書教材を集め始めた。1か月前からは，赤ちゃん図鑑（言語活動成果物），学習計画表，全文掲示（紺地の画用紙に白で全文を視写したもの），ワークシート（文章構成の把握，赤ちゃんの特徴を比べる表の2種），心の言葉シール等の教材作成を通して教材理解が深まった。教材理解が深まることで，実際の授業の流れや発問，交流の様子が具体的にイメージできるようになり，導入前には全時間の授業計画を完成させることができた。

児童の実態を踏まえた指導

　大事な言葉を見付けるためには語のまとまりを理解して読む力が必要だと考え，言葉の特徴や使い方に関する事項については，年間を通じて毎日15分間ずつ継続的に学習した。

当該単元の言語活動の設定と特徴

　子供たちが楽しく交流できるようにという考えから，はじめは「動物の赤ちゃんクイズを作る」という言語活動を計画していた。しかし，指導案検討の場で「クイズの問題作りには逆算思考が必要になるので難しい。」という意見をいただいたことから，「図鑑を作って紹介する」という言語活動に変更した。自分のお気に入りの動物の赤ちゃんについて科学的な読み物を読み，紹介したいこととその理由をカードに書き，小冊子に貼り付けていく形式は，1年生の発達段階にぴったり合っていて，誰もが喜んで取り組むことができた。

3 学習指導案例

①単元名・教材名（略）

②単元のねらい

　全ての子供たちが国語の学習を楽しみながら主体的・対話的に学習に取り組み，生活経験や学力の差に関係なく，それぞれの力に応じて学びを深められるような授業をつくりたいと考えた。学習のゴールである身に付けさせたい力を明確にすることで，子供たちがつまずきそうなポイントが想定できると同時に必要な手立ても見えてくる。第一次では学習のレディネスを付けると同時に意欲を高め，文章構成の特徴を捉えさせる。第二次では教科書の事例について紹介したいこととその理由を図鑑に書く活動に主眼を置く。「比べながら読む」という視点を大切に読み進め，比べると特徴がよりはっきりすることに気付かせ，観点ごとに表にまとめて整理する活動も取り入れる。また，教師からの問いを最小限に押さえ，子供たち自身が読み取った内容をアウトプットするための手立てを的確に行うことで読みを深めていくような授業形態を目指す。第三次では一冊の科学的な読み物を自分で読み，お気に入りの赤ちゃんについての図鑑を作成する。子供たちが，第二次までの学習で段階的に身に付けてきた力の活用を楽しみ，さらに力を付けることをねらいたい。

③単元の目標

○動物の赤ちゃんを紹介するために，文章中の語句を挿絵や写真と結び付けながら読み，必要な語彙を増やすことができる。 　　　　　　　　　　　　　　　　　　　　（知・技(1)オ）

○動物の赤ちゃんの生まれたばかりの様子や大きくなっていく様子について，時間的な順序や事柄の順序に気を付けて読み，大事な言葉を選び出すことができる。 　　　（思Ｃア，ウ）

○お気に入りの動物の赤ちゃんについて紹介するために，教材文や図鑑を進んで読み，様々な観点に着目したり，違いを比べたりしようとしている。 　　　　　　（学びに向かう力等）

④単元の評価規準

知識・技能	思考・判断・表現	主体的に学習に取り組む態度
・語句と挿絵や写真を結び付けながら読み，語彙を増やしている。 （(1)オ）	・「読むこと」において，動物の赤ちゃんについて，事柄や時間の順序を考えながら，内容の大体を捉えている。 （Ｃア） ・「読むこと」において，お気に入りの動物の赤ちゃんを紹介する上で，大事な言葉や文章を選び出し，図鑑カードに書き抜いている。（Ｃウ）	・動物の赤ちゃんを取り上げた図鑑や文章に関心をもち，進んで読もうとしている。 ・図鑑を読み，動物の赤ちゃんについて友達に紹介しようとしている。

⑤単元計画

次	時	学習活動	指導上の留意点（・）と評価（□：評価の観点）
第一次	①	・赤ちゃんクイズをする。 ・教師による動物の赤ちゃん図鑑紹介を楽しむ。	・比べると特徴が際立つことを示唆する。 ・成果物から図鑑作りへの意欲を高め，学習の見通しと学びの必然性をもたせる。
		学習課題　動物の赤ちゃん図鑑を作って，友達に紹介しましょう。	
		・学習計画表で学習の流れを見通し，並行読書をする。	主動物の赤ちゃんを取り上げた図鑑や文章に興味をもち，読みたいという意欲をもとうとしている。
	②	・文章構成を表にまとめ，科学的な読み物から，お気に入りの赤ちゃんを探す。	・問いの文と主語に着目させることで，3つの文章のまとまりに気付かせる。 思事柄の順序を考えながら内容の大体を捉えている。 （Cア）
第二次	③	・ライオンの赤ちゃんについて紹介したい一文を見付けて図鑑カード①に書く。	・付箋や心の言葉シールで自分の考えを明示させることで交流を活性化させ，選んだ理由に意識を向けられるようにする。 思紹介したい一文を考えて選び出している。（Cウ）
	④	・ライオンの赤ちゃんの特徴を表にまとめる。 ・交流後，紹介したい理由を図鑑カード②に書く。	・表に整理することで親との違いに目を向けさせ，交流によって紹介したい理由を明確にできるようにする。 思紹介したい理由を明確にする上で重要な語や文を考えて選び出している。（Cウ）
	⑤	・しまうまの赤ちゃんについて紹介したい一文を見付けて図鑑カード①に書く。　　【本時】	・ライオンの事例と比べながら読むことで，より根拠をもって紹介したい一文を選ぶことができるようにする。 思紹介したい一文を考えて選び出している。（Cウ）
	⑥	・しまうまの赤ちゃんの特徴を表にまとめる。 ・交流後，紹介したい理由を図鑑カード②に書く。	・表にすることでライオンとの違いに目を向けさせ，交流によって紹介したい理由を明確にできるようにする。 思紹介したい理由を明確にする上で重要な語や文を考えて選び出している。（Cウ）
第三次	⑦	・カンガルーの赤ちゃんについて，紹介したいこととその理由を考える。 ・図鑑を作り，紹介する。	・三人組で話し合わせ，自ずと本文を読み返したり他の動物と比べたりしながら考えられるようにする。 思紹介したいこととその理由となる重要な語や文を考えて選び出している。（Cウ）
	⑧⑨	・お気に入りの赤ちゃんについての科学的な読み物を進んで読み，紹介したいこととその理由を図鑑に書いている。	・同じ動物を選んだ友達と相談しながら作ってよいこととする。 知語句と挿絵や写真を結び付けながら読み，語彙を増やしている。（(1)オ）
	⑩	・お気に入りの赤ちゃんについて紹介し合う。 ・交流の記録として，付箋に一言感想を書いて交換する。 ・まとめの感想を書く。	・前半は，同じ動物を選んだ子供同士で交流し，着眼点の違いを楽しませる。 ・後半は，別の動物を選んだ子供同士で交流し，様々な動物の違いを比べて楽しむことができるようにする。 主図鑑を読み，動物の赤ちゃんについて友達に紹介しようとしている。

⑥本時の学習（第5時／全10時間）

・本時のねらい

　しまうまの赤ちゃんについて紹介したいことを表す語や文を考えて選び，書き抜くことができる。

(思Cウ)

・本時の展開

時間	学習活動	主な発問（○）と指示（△）	指導上の留意点（・）と評価（□：評価の観点）
導入 10分	1．ライオンの赤ちゃんの特徴について想起し，めあてを確かめ，一文交代で音読する。	○ライオンの赤ちゃんは，どんな赤ちゃんでしたか。 △今日のめあてを読みましょう。	・ライオンの事例を想起させておくことで，比べながら読もうとする素地をつくっておく。
	しまうまの赤ちゃんについてしょうかいしたいことを見つけてかこう。		
		△文はいくつあるでしょうか。読点に印を付けながら読みましょう。	・生まれたばかりの様子には赤，大きくなっていく様子には青で印を付け，内容と一文のまとまりを意識させる。
展開 15分	2．しまうまの赤ちゃんについて紹介したいことや，その理由を出し合う。 ①付箋で考えを明示 ②わいわいおしゃべりタイム（交流） ③しまうまの赤ちゃんについて話し合う。	△しまうまの赤ちゃんについて紹介したいと思う一文に付箋を貼りに来ましょう。生まれたばかりの様子はピンク，大きくなっていく様子は水色の付箋ですよ。 △同じ文を選んだ友達と，選んだ理由を伝え合いましょう。「わいわいおしゃべりタイム」だよ。 ○しまうまの赤ちゃんについて，紹介しましょう。心の言葉（初めて知ったことや不思議に思ったこと，すごい，なるほど）を使って話せるといいですね。	・交流は各教科等の学習で日常的に行い十分慣れさせておく。 ・付箋を貼る活動を通じて，自然と友達の考えと比べながら交流できることをねらう。 ・迷ったら友達の意見を聞いて参考にするよう促す。 ・ライオンとの違いを考えた発言が出にくければ，「もう」，「たった」などの言葉から，違いに目を向けさせる。 ・親や他の動物の赤ちゃんの様子との違いを考えている子供の発言を認め，その理由に意識を向けさせる。
15分	3．紹介したい一文を選んで，図鑑カード①に書く。 ①「心の言葉」シールを貼る。 ②わいわいおしゃべりタイム（交流） ③用紙を選ぶ。 （罫線・マス目）	△「心の言葉」シールを選んで貼りに来ましょう。 △シールを貼ったら，またまた「わいわいおしゃべりタイム」です。たくさん交流できるといいですね。	・シールを介して紹介したい理由につながる気持ちに気付かせ，自然とそのわけを問い合えるようにする。 ・交流するよさに気付かせ，次時以降の学習でのよりよい交流に

	④挿絵を選ぶ。 （紹介内容に合うもの） ⑤紹介したい一文を書く。 ⑥自分が選んだ心の言葉に色を塗る。 ⑦並行読書	△では，図鑑カード①を作ります。カードは２種類あるので，書きやすい方を選びましょう。挿絵は３種類あります。自分が紹介したいことに合った絵を選びましょう。 △お気に入りの赤ちゃんの本を読んで待ちましょう。	つなげる。 ・一文を選べない子供には，すごいと思うことを尋ね，対話を通じて支援する。 ・挿絵を選ぶ活動を，本文を読み返すことにつなげる。 思 しまうまの赤ちゃんについて，紹介したいことを表す語や文を考えて選び出し，カードに書き抜いている。（Cウ）
まとめ 5分	4．今日の学習を振り返り，次時のめあてを知る。	○自分の選んだ一文を，心の言葉を使って，みんなに紹介しましょう。 △学習計画表に花丸を付けましょうね。	・ライオンとの違いに言及できた子供の発言を認め，次時の活動につなげる。 ・達成感を感じさせ，次時への見通しをもたせる。

4 板書計画・教材・教具・ワークシート

①本時の板書と学習計画表

　右側にはライオンの赤ちゃんの特徴についての振り返りと今日のめあて（学習活動１），しまうまの赤ちゃんについて話し合ったこと（学習活動２）は黒板中央上部に書く。左端には，振り返り（学習活動４）の発言を簡単に残した。子供たちが付箋やシールを貼りやすいように，全文掲示は黒板の下部にマグネットで貼り付けている。

　挿絵の台紙，短冊，付箋は，生まれたばかりの様子はピンク色，大きくなっていく様子は水色と色分けしておくことで視覚的にも区別できるようにしている。学習計画表は，教室内に常掲しておき，授業でめあてを確かめたり，学習を振り返ったりするときに，注目させるようにした。

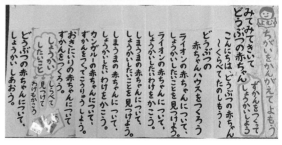

学習計画表

②教材・教具

【付箋台紙（パウチして作った名刺サイズのカード）】

❶「生まれたばかりのようす」にはピンク色，「大きくなっていくようす」には水色の付箋を貼り，下部に自分の名前を書いておく。

❷自分の紹介したい内容に合う付箋を全文掲示に貼りに行き，友達と交流する。

❸紹介したい理由につながる「心の言葉」シールを選んで貼りに行き，友達と交流する。

うら　　　　　おもて

【どうぶつの赤ちゃんずかん（言語活動の成果物）】

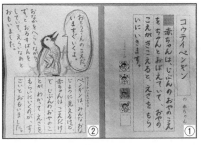

　四つ切の画用紙を折って切り込みを入れ，見開き4ページの小冊子を作成し，カードを貼り付けて図鑑とした。右ページ（①）には紹介したいこと，左ページ（②）には紹介したい理由を書く。ライオン，しまうまの事例では，紹介したい一文を書き抜くだけとし，全員がめあてを達成できるようにした。挿絵上部には感想，親や動物たちの会話文を書いてもよいこととし，子供たちが自分の力に応じて深く学べるようにした。理由が思い付かない子供には，心の言葉を手掛かりに，「どんなところがすごいと思ったの。」などと問いかける支援が有効であった。スモールステップで少しずつ力を付けさせ，第三次では科学的な読み物（並行読書）を自分で読み，お気に入りの動物の赤ちゃんについての図鑑を作成した。

【ワークシート】

どうぶつの赤ちゃんハウス（第2時）
順序良く説明されている文章構成を把握

赤ちゃんくらべっこシート（第4，6時）
表を縦に並べると観点ごとに比較しやすい。

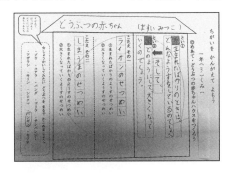
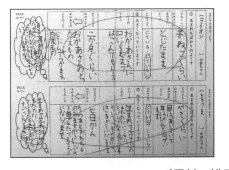

（元村　裕子）

第1学年　読むこと・物語文

「たぬきの糸車」「むかしばなしをよもう」（光村図書1年下）

1 単元名・実施時期

単 元 名：世界のお話の旅に出かけよう　わたしの「すき」をおはなしスーツケースにつめこんで
　　　　　〜お気に入りの昔話の好きなところを友達に紹介しよう〜

実施時期：11月

2 授業構想と授業実施までの手立て

付けたい力の決定

　夏休みから指導事項の検討を始め，登場人物の行動や会話から想像を広げて，読書生活を豊かにしてほしいという願いをもって単元を考えた。好きな理由について考える際，ただ優しいから好きではなく，こういうことをしたから優しくて好きというように，行動や会話に着目したことが理由に表れるようにしたいと考え，「C　読むこと」のイ（構造と内容の把握）とエ（精査・解釈）を取り上げて行うことにした。

教材選定・教材開発・教材研究

　夏休み明けから読書記録（おはなしパスポート）を付けた。読書記録の内容は書名・おすすめ度（◎○△）・一言とし，一冊につき一枚書いて，ためていけるようにした。たくさん本を読んだことが一目見て分かり，子供たちのもっと読みたいという思いにつながった。また，紹介する昔話を決める際，読書記録を参考にすることもできた。

児童の実態を踏まえた指導

　本単元の前に行った物語文の学習においても，好きなところは多くの子供が見付けられるのだが，理由がはっきりしないことが多かった。そこで，おはなしタイムを設け，もう一度本を読み返したり，話全体から好きな理由が考えたりできるようにした。(pp.48-49参照)

当該単元の言語活動の設定と特徴

　おはなしスーツケース（箱）を使って，お気に入りの昔話の好きなところを紹介することにした。

中には，紹介に必要な登場人物カード，あらすじカード，すきだよカード，理由カード，絵本，おはなしパスポートが入っている。

紹介の様子。箱を台にし，作成したカードを見せながら好きなところを紹介した。

③ 学習指導案例

①単元名・教材名（略）

②単元のねらい

この単元を通して身に付けたい力は，次の２点である。

・場面の様子や登場人物の行動，会話などを手掛かりにして，好きな物語の大体を捉える力

・物語の好きな場面に着目して，その様子や登場人物の行動，会話を基に，登場人物の行動を具体的に想像を広げて読む力

③単元の目標

○昔話などの読み聞かせを聞いたり，自分で読んだりして，話の面白さや語り口調，言い回しに気付き親しむことができる。 （知・技(3)ア，エ）

○お気に入りの昔話の好きなところを紹介するために，登場人物の行動や会話に着目しながら読み，物語の内容の大体を捉えたり，登場人物の行動や会話について，想像を広げて読んだりすることができる。 （思Cイ，エ）

○好きなところを紹介するために，昔話を選んで読んだり，選んだ本に対する思いが伝わるように，本の楽しさを紹介したりしようとする。 （学びに向かう力等）

④単元の評価規準

知識・技能	思考・判断・表現	主体的に学習に取り組む態度
・昔話や神話・伝承などの読み聞かせを聞き，話の面白さや語り口，言い回しに気付き，親しんでいる。（(3)ア） ・いろいろな本があることを知り読書に親しんでいる。（(3)エ）	・「読むこと」において，昔話の紹介に向けて，登場人物の行動などを基に，誰が，どうして，どうなったかを把握し，物語の内容の大体を捉えている。（Cイ） ・「読むこと」において，昔話を紹介するために，好きな場面の様子に着目し，登場人物の行動や会話を想像している。（Cエ）	・好きなところを紹介するために，本を選んで繰り返し読んだり，選んだ本に対する思いが伝わるように，本の楽しさを紹介したりしようとしている。

⑤単元計画

次	時	学習活動	指導上の留意点（・）と評価（□：評価の観点）
第一次	①	・これまで読み聞かせした昔話を思い出し，感想を出し合う。 ・教師による「たぬきの糸車」の読み聞かせを聞き，話の内容に興味をもつ。	・「たぬきの糸車」の語り口調や言い回しに気付けるように，おかみさんの言葉に着目するように声を掛ける。 知たくさんの種類の昔話があることに気付いている。((3)エ) 知「たぬきの糸車」の読み聞かせを聞き，話の面白さや語り口調，言い回しなどにも気付き，親しみを感じている。 ((3)ア)
	②③	・担任の行う『しらゆきひめ』の紹介を見ることで，お気に入りの昔話の好きなところをおはなしスーツケースを使って紹介するための学習をイメージする。 学習課題 　お気に入りの昔話の好きなところについて，どうして好きなのか考えながら読み，おはなしスーツケースを使って，「友達が読んでみたい！」と思えるように紹介しよう。 ・お気に入りの昔話を一冊決める。 ・教師と一緒に学習計画を立てる。	・友達が「読んでみたい」と思ってくれる紹介にするためには，どのような内容について話したらよいか出し合う時間を設ける。（おはなしスーツケースを使ったモデルは，この話合いの翌日に提示する。） ・どのような学習課題にするか考えられるように，この学習が終わったときの姿について考えてみるように示唆する。 主これまで読んできた昔話の中から，学習のゴールを見通して紹介したい昔話を決めようとしている。
第二次	④	・昔話の紹介に向けて「たぬきの糸車」を読み，話の大体を捉える。 ・登場人物カード・あらすじカードを作る。	・あらすじが捉えられるように，誰が，どうなった話なのか投げ掛ける。 思登場人物の行動などを基に，誰が，どうして，どうなったかを把握し，挿絵を使って物語の大体を捉えている。 （Cイ）
	⑤	・昔話の紹介に向けて「たぬきの糸車」の好きなところを探しながら読む。	・好きなところを出し合った後，それらを登場人物の行動・会話，場面の様子

		・すきだよカードに，紹介に必要な言葉や文を書き抜く。 ・自分のお気に入りの昔話の好きなところを探しながら読み，好きなところの候補にピンク色の付箋を貼る。	などのように分類する。子供がお気に入りの昔話の好きなところを探すときの着眼点となるようにまとめる。 思自分が好きなところが分かる人物の言動などをカードに書き抜いている。 （Cエ）
	⑥	・好きな理由を考えながら，「たぬきの糸車」を読む。 ・理由カードを完成させる。	思好きなところについて，登場人物の行動や会話を具体的に想像して，読んでいる。（Cエ） ・友達の紹介を聞く際の視点を提示する。
	⑦	・おはなしスーツケースを使って，「たぬきの糸車」の好きなところを学級の友達に紹介する。 ・お気に入りの昔話の登場人物カードを作る。	主好きなところについての思いが，友達に伝わるようにおはなしスーツケースを使って紹介しようとしている。
第三次	⑧	・作品の紹介に向けてお気に入りの昔話を読み，話の大体を捉える。	思登場人物の行動などを基に，挿絵を使って物語の大体を捉えている。（Cイ）
	⑨	・作品の紹介に向けてお気に入りの昔話の好きなところを探しながら読み，すきだよカードに紹介に必要な言葉や文を書き抜く。	・第5時で付箋を貼った好きなところの候補を中心に読み返す。 思好きなところが分かる人物の言動などをすきだよカードに書き抜いている。 （Cエ）
	⑩	・お気に入りの昔話について，どうして好きなのか理由を考えながら読む。 【本時】	思好きなところに着目して登場人物の行動や会話を具体的に想像し，好きな理由として表現している。（Cエ）
	⑪	・実際の紹介と同じように，ペアの友達と紹介し合う。	・紹介をよりよいものにするために，友達が「読んでみたい」と思える紹介をした子供のどんなところがよかったか出し合う。
	⑫	・自分のお気に入りの昔話の好きなところを友達に紹介する。 ・単元全体の振り返りをする。	・振り返りを発表してもらい，どのような力が付いたのか価値付けする。 主学習活動全体について，目的に照らした振り返りをしようとしている。

⑥本時の学習（第10時／全12時間）

・本時のねらい

　お気に入りの昔話の好きなところについて友達に紹介するために，お気に入りの昔話を繰り返し読み，友達と好きな理由について話すことを通して，好きな理由を明確にし，理由カードにまとめることができる。（思Cエ）

・本時の展開

時間	学習活動	主な発問（○）と指示（△）	指導上の留意点（・）と評価（□：評価の観点）
導入 2分	1．本時のめあてを確認する。	○今日は，好きな理由をはっきりさせて，理由カードが書けたらいいね。 学習課題　お気に入りの昔話の好きなところを友達に紹介するために，好きな理由について考えながら読み，理由カードを完成させよう。	
展開 3分	2．好きなところについて，なぜ好きなのか理由を考えながら読む。	○「たぬきの糸車」の学習を思い出してみよう。好きな理由には，自分の思いやどこからそう考えたのかも入るといいね。 ◇自分の思いや考え ◇好きなところと関係するところ	・好きな理由には，左に記した内容のいずれかは必ず入れることを確認する。
30分	3．理由カードを完成させるために，好きなところとその理由について友達と話す。 ・三人一組で行う。 ・おはなしタイムは，一人三分。 ・グループを変えて二回行う。	○友達と話すとき（おはなしタイム）の流れを確認しよう。 【おはなしタイムの流れ】 ①好きなところ ②現段階での好きな理由 ③質問 ○友達からの質問に答えるとき，どこからそう思ったのか，書いてあるところを指でなぞって教えてあげよう。 △おはなしタイムのグループを発表する。	・お話の内容に触れられるような質問例（p.49参照）を提示し，子供が参考にできるようにする。 □思好きなところに着目して，登場人物の行動や会話を具体的に想像し，好きな理由として表現している。 （Cエ）
5分	4．理由カードを完成させる。	○友達と話していて，好きな理由ははっきりしたかな。隣の席の友達に教えてあげよう。 ○理由カードに好きな理由を書こう。	
まとめ 5分	5．学習の振り返りをする。	○理由をはっきりさせるために，どこを読みましたか。	

4 板書計画・教材・教具・ワークシート

①板書計画（本時）

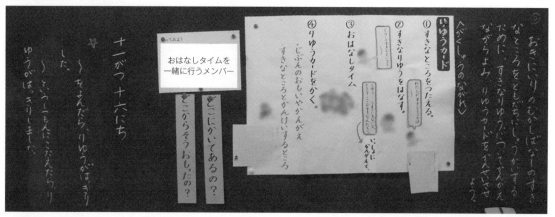

②教材・教具

【おはなしスーツケースについて】

　箱の素材は紙が望ましい。紙だと，本の題名や絵を描いたりすることもでき，子供たちの愛着が増す。また，穴あけパンチが使えるため，リボンを通せば，簡単に持ち手を作ることもできる。写真のように，両サイドを止めれば，紹介のとき，箱が倒れることはない。

③掲示物

　本時は，好きな理由をお話全体から考えられるように，おはなしタイムの中に質問コーナーを設けた。友達に質問するときの参考になるように，子供の発話を基に継続的に蓄積してきた次のような質問例を提示した。

【したこと】
・〇〇は他にもいろんなことをしているのに，どうしてここが好きなの。
・どうして～したのかな。
・どうして～できるようになったの。
・このとき，〇〇はどんな気持ちだったのかな。
・自分が〇〇なら，～しているとき，どんな気持ちになるかな。

【言ったこと】
・〇〇は他にもいろんなことを言っているのに，どうしてここが好きなの。
・その言葉は，誰がいつ言ったの。
・その言葉を言ったとき，〇〇はどんな気持ちだったのかな。
・なぜ〇〇は「～。」と言ったと思うの。
・自分だったら何て言うの。

【アイテム】
・△△ってどんなものなの。
・△△を持っていて，どんな気持ちだったと思うの。
・△△はいつ出てくるの。

【場面】
・□□を見て，どんなことを思ったの。
・もし，自分がその場にいたら，どんな気持ちになると思う。

（舛元　夕子）

「さけが大きくなるまで」（教育出版2年下）

1 単元名・実施時期

　単　元　名：伝えたい！生き物のここがすごいをお家の人にカードで紹介しよう

　実施時期：11月

2 授業構想と授業実施までの手立て

付けたい力の決定

　生き物について本や図鑑を読み，何が書いてあるかに気を付けて内容の大体を捉え，読んでいく中で見付けたすごいことをお家の人に伝えるために語や文を考えて選び出す力を付けさせたいと考えた。そうすることで，本単元でねらう「C　読むこと」の「ア　時間的な順序や事柄の順序などを考えながら，内容の大体を捉えること。」及び「ウ　文章の中の重要な語や文を考えて選び出すこと。」を，「生き物について，何が書いているかをつかむために」という意識を働かせて効果的に身に付けさせることができると考えた。

教材選定・教材開発・教材研究

　夏休みから生き物に関する本や図鑑を選定し，学年の廊下にミニ図書コーナーを設け，いつでも読めるようにした。単元の導入の1週間前からは，読み聞かせを行った。

　生き物の「ここがすごい」を見付けるためには，見付けるための視点が必要となる。そこで「さけが大きくなるまで」で，「大きさ」や「場所」，「いつ」，「様子」のどれを視点に，「すごい」ところを見付けたのか確認した。授業の最後には，並行読書の時間を設け，視点に着目しながら本や図鑑を読んだ。

児童の実態を踏まえた指導

　1学期に学習した「すみれとあり」では事柄の順序などを考えながら内容の大体を読むことをねらいとして「『生きものはかせがおしえる○○のひみつ』をお家の人にしょうかいしよう」という言語活動を設定した。文章全体に何が書かれているか大体を捉えることが充分とはいえない子供もいた。そこで，本単元では，1学期の学習を踏まえ，数多くの生き物の本や図鑑を読み，題名や見出し，写真などを手掛かりに，文章全体に何が書かれているかを捉え，それを伝える活動を繰り返すことで大体を捉えることができるようにした。

当該単元の言語活動の設定と特徴

　本や図鑑などから，生き物の「ここがすごい」を見付け出してカードに書き，お家の人に紹介するという目的をもつことによって，意欲的に取り組めると考えた。カードは，①自分が見

付けた生き物のすごいところ，②「ここがすごい」を説明するために考えて選び出した重要な語や文，③すごいと思った理由などで構成する。読んでいく中で見付けたすごいところを伝えるために語や文を考えて選び出す力が必要になると考えた。

3 学習指導案例

①単元名：「伝えたい！生き物のここがすごいをお家の人にカードで紹介しよう。」
　教材名：さけが大きくなるまで　ほか，生き物の図鑑
②単元のねらい

　この単元では，教科書教材「さけが大きくなるまで」の内容の大体を捉え，さけのすごいところを見付けて紹介する。そして，その学習を基に様々な生き物の本や図鑑を読み，お気に入りの生き物の「ここがすごいカード」でお家の人に紹介する言語活動に取り組む。

　生き物の本や図鑑を活用することで，本単元のねらう内容の大体を捉える力，重要な語や文を考えて選び出す力を付けるのにふさわしいと考える。

③単元の目標
○生き物の本や図鑑を読んで興味のある事柄を見付けたり情報を得たりして，読書に親しむことができる。　　　　　　　　　　　　　　　　　　　　　　　　　　　　　　　（知・技(3)エ）
○生き物について，何が書いてあるかをつかむために時間的な順序や事柄の順序に気を付けて内容の大体を捉えることができる。　　　　　　　　　　　　　　　　　　　　　　　　（思Ｃア）
◎生き物に関わる重要な語や文を考えて選び出すことができる。　　　　　　　　　　（思Ｃウ）
○自分が興味をもったことを紹介するために，本や図鑑などを用いて情報を見付けようとすることができる。　　　　　　　　　　　　　　　　　　　　　　　　　　　　　　　（学びに向かう力等）

④単元の評価規準

知識・技能	思考・判断・表現	主体的に学習に取り組む態度
・生き物の本や図鑑を読んで興味のある事柄を見付けたり情報を得たりして，読書に親しんでいる。((3)エ)	・「読むこと」において，何が書いてあるかをつかむために時間的な順序や事柄の順序に気を付けて内容の大体を捉えている。　　　　　　　（Ｃア） ・「読むこと」において，図鑑や本を読んで，自分がすごいと思ったことに関わる重要な語や文を考えて選び出している。（Ｃウ）	・お気に入りの生き物の「ここがすごい」を紹介するために本や図鑑を繰り返し読んで情報を見付けようとしている。

⑤単元計画

次	時	学習活動	指導上の留意点（・）と評価（□：評価の観点）
第一次	①	・学習の見通しをもつ。 学習課題 「伝えたい！生き物のここがすごい」カードについて知る。	・教師自作のモデルを提示し，お気に入りの生き物の「ここがすごい」をカードにまとめ，お家の人に紹介したいという意欲をもたせる。 主これまでの学習を振り返ったり，教師のモデルを参考にしたりして学習のこれからの活動の見通しをもとうとしている。
第二次	②③④	・「さけが大きくなるまで」の内容の大体を捉える。	・全文シートに，「時」，「場所」，「大きさ」，「様子」を表す言葉に着目し，線を引かせる。 思さけについて，何が書いてあるかをつかむために時間的な順序や事柄の順序に気を付けて内容の大体を捉えている。（Cア）
	⑤	・「さけが大きくなるまで」の「すごい」を見付け，説明するための重要な語や文を考えて選び出し，交流する。	・教師自作のモデルを提示し，図鑑と対応させて読みの視点を確認する。 ・時や場所，大きさ様子などに着目させる。 ・交流するときには，時や場所，大きさ，様子などに着目して選んでいるかを確かめる。 思さけの「ここがすごい」を見付けて読み，時や場所，大きさ，様子など，説明するための重要な語や文を考えて選んでいる。（Cウ）
	⑥	・「ここがすごいカード」にまとめる。	・選び出した理由を，明確にさせる。 思教材文から選び出した，重要な語や文から，気付いたこと，思ったことをまとめている。（Cウ）
	⑦⑧	・お気に入りの生き物の本や図鑑を選び，内容の大体を捉える。	・時や場所，大きさ，様子などに着目させる。 ・見出しや写真などをヒントにさせる。 思生き物について，時や場所，大きさ，様子などに着目して内容の大体を捉えている。（Cア）
第三次	⑨	・お気に入りの生き物の「ここがすごい」を見付け，説明するための重要な語や文を考えて選び出し，交流する。　【本時】	・交流するときには，時や場所，大きさ，様子などに着目して選んでいるかを確かめる。 思お気に入りの生き物の本や図鑑から「ここがすごい」を見付け，説明するための重要な語や文を考えて選んでいる。（Cウ）
	⑩	・お気に入りの生き物についてカードにまとめる。	・選び出した理由を，明確にさせる。 知生き物の本や図鑑を読んで興味のある事柄を見付

52

		けたり情報を得たりして，読書に親しんでいる。
		((3)エ)
⑪	・「ここがすごい」を紹介し，感想を交流する。	・本や図鑑を示しながら内容の大体を説明して，「すごい」を発表させる。
		主自分の「ここがすごいカード」を発表することに意欲的に取り組もうとしている。（発表）

　お家の人に「ここがすごいカード」を紹介し，感想をもらうことで意欲を高め，次の学びへつなげる。

⑥本時の学習（第9時／全11時間）

・本時のねらい

　生き物の本から「ここがすごい」を説明するための重要な語や文を考えて選び出すことができる。（思Cウ）

・本時の展開

時間	学習活動	主な発問（○）と指示（△）	指導上の留意点（・）と評価（□：評価の観点）
導入 5分	1．前時の学習を振り返る。 2．めあてを確認する。	○学習の出口の確認をしましょう。 ○今日のめあてを読みましょう。	・学習の出口を確認し，見通しをもたせる。 ・前時までの学習を基に，本時のめあてを立てる。
	めあて 生き物の「ここがすごい」が，つたわる言葉や文をみつけよう。		
	3．学習の進め方を確認する。	○ホップ……みつける ○ステップ……伝える ○ジャンプ……発表する	・教師自作モデルを提示して，まとめ方を確認する。
展開 30分	4．ホップ 本や図鑑から，生き物のすごいところを見付ける。（3分）	○生き物の「ここがすごい」と思ったところを見付けましょう。 △生き物のすごいを見付けるヒントを確認する。	・写真や解説の文，見出しから「ここがすごい」を見付けられるようにする。
	5．生き物のすごいが伝わる，重要な語や文を考えて選ぶ。（7分）	△ピンク色の付箋紙を貼る。 ○生き物の「ここがすごい」が伝わると思う，言葉や文に付箋紙を貼りましょう。	・「ここがすごい」のページを確認し，自分が選んだ「すごい」の前後の文，写真や解説の文に着目させる。

		△黄色の付箋紙を貼る。	

〈予想される児童の選ぶ，重要な語や文〉

カンガルー　　　　　1回のジャンプで10メートルも進む。

ミーアキャット　　　生まれて1年がたつ頃には，赤ちゃんをうむこともできる。

コアラ　　　　　　　生まれたばかりの赤ちゃんは大きさも重さも1円玉くらい。

	6． ステップ グループで伝え合う。（10分）	○生き物の「ここがすごい」を伝えましょう。 △生き物のすごいが，伝わったか，考えながら聞きましょう。 △言葉や文を指しながら「ここがすごい」を説明しましょう。	・交流の目的や進め方を確認する。 思 お気に入りの生き物の本や図鑑から「ここがすごい」を見付け，説明するための重要な語や文を考えて選んでいる。（Cウ） 　　　（交流・付箋紙）
	7． ジャンプ 発表する。（10分）	○クラスのみんなに紹介しましょう。	
ま と め 10 分	8． まとめ		・子供の発表からキーワード（大きさや様子，場所）を捉え本時のまとめをする。 ・本時のめあてと対応して今日の学びを振り返る。
	9． 学習振り返る。		

（子供の振り返り例）

・○○さんと同じパンダだったけど，選んだところが違っていたので，びっくりしました。

・○○さんの見付けた「すごい」は，初めて知ったのでとてもびっくりした。あの本を読んでみたい。

・見付けたすごいをお家の人に知らせたいです。

	10． 次時予告		・今日，選び出した語や文を「ここがすごいカード」にまとめることを確認し，次時に意欲をもたせる。

4 板書計画・教材・教具・ワークシート

①板書計画

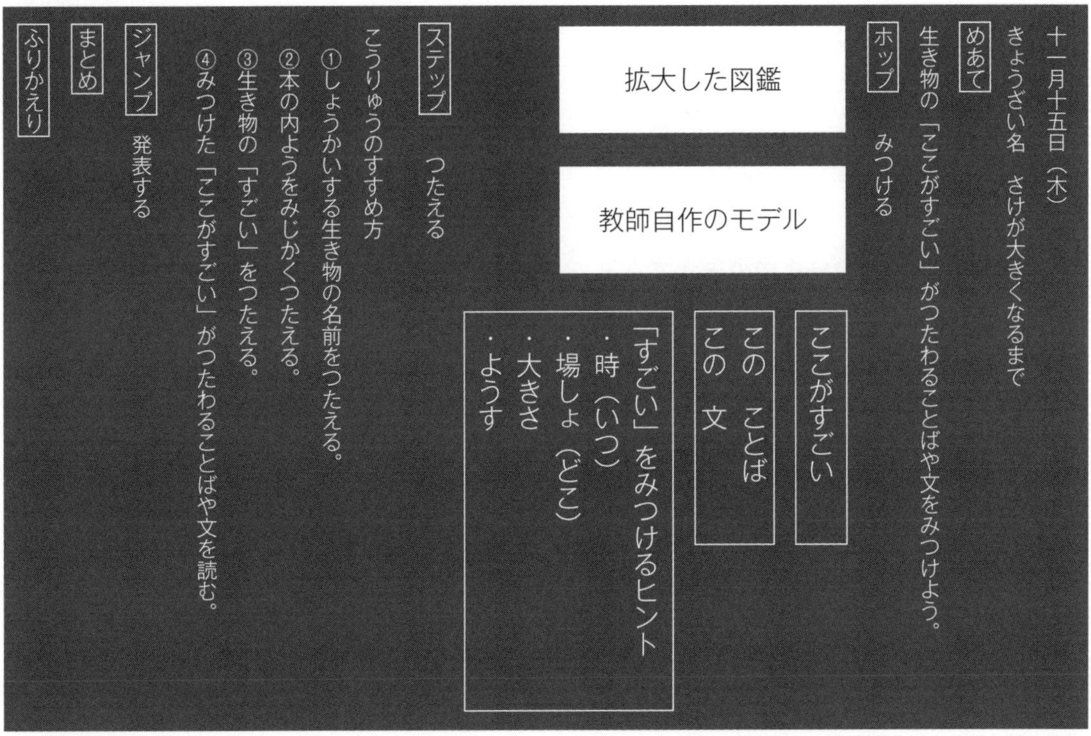
十一月十五日（木）
きょうざい名　さけが大きくなるまで
めあて
生き物の「ここがすごい」がつたわることばや文をみつけよう。
ホップ　みつける
拡大した図鑑
教師自作のモデル
ここがすごい
この　ことば
この　文
「すごい」をみつけるヒント
・時（いつ）
・場しょ（どこ）
・大きさ
・ようす
ステップ　つたえる
こうりゅうのすすめ方
①しょうかいする生き物の名前をつたえる。
②本の内ようをみじかくつたえる。
③生き物の「すごい」をつたえる。
④みつけた「ここがすごい」がつたわることばや文を読む。
ジャンプ　発表する
まとめ
ふりかえり

②言語活動ツール

【ワークシート】

自分が見付けた「すごい！」
（読むこと　ウ）

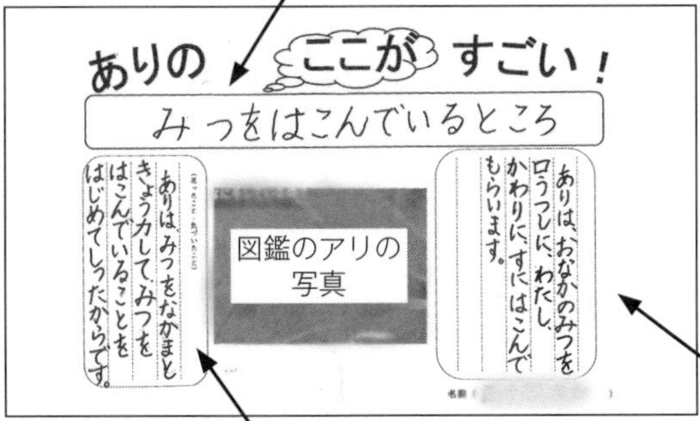
ありの ここが すごい！
みつをはこんでいるところ
ありは、みつをなかまときょうカしてみつをはこんでいることをはじめてしったからです。
図鑑のアリの写真
ありは、おなかのみつを口うつしに、わたし、かわりにすにはこんでもらいます。

考えて選び出した重要な語や文から，「ここがすごい」と思った理由
（読むこと　ウ）

【生き物の本や図鑑】

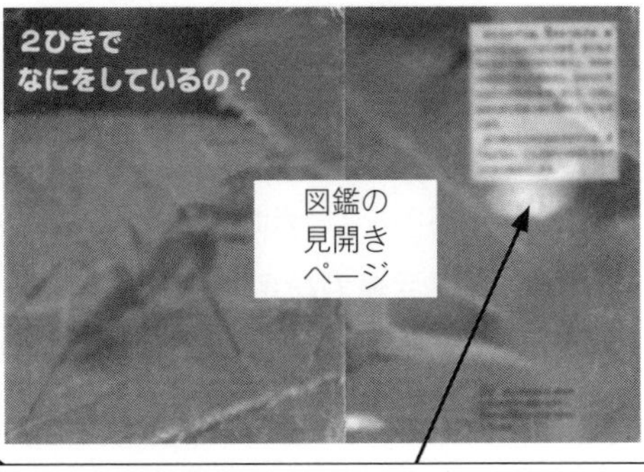
2ひきで
なにをしているの？
図鑑の
見開き
ページ

すごいを説明するために考えて選び出した重要な語や文　（読むこと　ウ）

（宮城　祐美）

4

第2学年　読むこと・物語文

「スイミー」（光村図書2年上，学校図書2年上　ほか）

1 単元名・実施時期

　　単 元 名：お話を読んで，感想を書こう

　　実施時期：6月

2 授業構想と授業実施までの手立て

付けたい力の決定

　授業の約2か月前から指導事項の検討を始めた。当初は「思考・判断・表現」の評価規準においては，「C　読むこと」のイ（構造と内容の把握），エ（精査・解釈），オ（考えの形成），カ（共有）の4点を付けたい力として挙げていたが，事前研での絞った方がいいという意見を踏まえ，子供たちの実態を基に年間指導計画ももう一度見直すことで，エ（精査・解釈），オ（考えの形成）の2点に焦点を当てた計画に変更した。

教材選定・教材開発・教材研究

　授業の約1か月前から学校司書と相談しながらレオ＝レオニの作品を並行読書材として集めていった。今回はいろいろな作品がある中で登場人物が分かりやすい作品を選定し，単元導入の2週間前から子供たちが自由に読めるようにした。また，自分がどの本を読んで，どの本をまだ読んでいないのかが分かるように名簿を活用して縦列に名前，横列に作品の名前を載せた一覧を作り，教室に掲示した。

児童の実態を踏まえた指導

　年度当初から子供同士をつなげることを重点とした，『学び合い』等を行い，全員が個別の目標に向かって達成できる環境をつくってきた。そのため，交流では気兼ねなく友達と意見を言い合える関係ができてきた。今回の単元計画の中でも，この強みをさらに生かせるよう，子供自身が交流相手を見付けて対話を繰り返すなど，より多くの友達と交流できる場を用意した。

当該単元の言語活動の設定と特徴

　レオ＝レオニの作品から好きな作品を選び，紹介カードを作ることを言語活動として設定した。これは自分が「これ面白いな！」と思うことが動機付けとなり，感想を書きたい，紹介したいという気持ちに向かわせることで根拠をもって伝え合わせるとともに，多読につなげる意図がある。

③ 学習指導案例

①単元名・教材名（略）

②単元のねらい

　文章の中の大事な言葉や文を書き抜き，それを基に感想を書くことができる。

③単元の目標

◎レオ＝レオニの作品から好きな作品を選んだり，お気に入りの場面や登場人物を見付けたり
して読書に親しむことができる。

（知・技(3)エ）

○物語を紹介することに向けて，内容の大体を捉えたり，好きな場面に着目して，登場人物の
言動を具体的に想像したりするとともに，文章の内容と読書体験とを結び付けて感想をもつ
ことができる。

（思Ｃエ，オ）

○レオ＝レオニの作品を読む楽しさを味わいながら，好きな作品や好きな場面を見付けて読も
うとしたり，それらを紹介しようとしたりすることができる。

（学びに向かう力等）

④単元の評価規準

知識・技能	思考・判断・表現	主体的に学習に取り組む態度
・レオ＝レオニの作品から好きな作品を選んだり，お気に入りの場面や登場人物を見付けたりして読書に親しんでいる。((3)エ)	・「読むこと」において，物語を紹介するために，好きな場面に着目して，登場人物の言動を具体的に想像している。（Ｃエ） ・「読むこと」において，物語を紹介するために，文章の内容とレオ＝レオニの作品の読書体験とを結び付けて感想をもっている。（Ｃオ）	・レオ＝レオニの作品を読む楽しさを味わいながら，好きな作品や好きな場面を見付けて読もうとしたり，それらを紹介したりしようとしている。

⑤単元計画

次	時	学習活動（◇は並行読書材を取り上げている学習活動）	指導上の留意点（・）と評価（□：評価の観点）
第一次	①	◇導入前の手立てとして，事前にレオ＝レオニ作品の読み聞かせを行い，興味をもたせる。 ・図書館から借りた本を紹介するカードを見て学習課題をつかむ。 学習課題 　レオ＝レオニの作品から好きな作品をえらび，しょうかいカードをつくろう。	主紹介ポスターから学習課題を意識し，取り組もうとしている。（観察） 知いろいろな本があることを実感している。（(3)エ）（観察）
第二次	②	・本の紹介に向けて大好きな場面を見付けるために「スイミー」の全文を読み，物語の大体を捉えながら，登場人物を確認する。	思大好きな場面に着目し，スイミーや好きな登場人物の行動や様子について，想像しながら読んでいる。（Cエ）（ワークシート）
	③	・大好きな場面やその理由を確認するために演劇を通してあらすじを確認する。演劇（シーン①みんな赤いのに，スイミーだけまっくろ。シーン②きょうだいが，まぐろにたべられた。）	
	④	・スイミーの行動と，その時の心情から想像を広げる。演劇（シーン③海には，すばらしいものがいっぱいあった。シーン④そうだ。みんないっしょにおよぐんだ。）	
	⑤	・「スイミー」についてお気に入りの場面を選び，その理由を考える。	思心に残った場面について，自分の思いや考えを体験や読書体験と結び付けて感想をまとめている。（Cオ）（ワークシート）
	⑥	◇選んだ作品について登場人物の行動や会話を確認し，挿絵と結び付けながらお気に入りの場面を選び，理由を考える。	
	⑦	・「スイミー」について自分が選んだ場面の好きな理由を考え，どの言葉・表現に着目したか交流してわけをはっきりさせる。　【本時】	
	⑧	◇選んだ作品について自分が選んだ場面の好きな理由を考え，交流してわけをはっきりさせる。	主レオ＝レオニの作品に興味をもち，心に残る場面を意識しながら本を読もうとしている。（観察）
	⑨	・交流を基に，「スイミー」の感想を体験と結び付けて書く。	
	⑩	◇選んだ作品の感想を書いて交流する。	
	⑪	・心に残った場面と感想をまとめ，「スイミー」の「このものがたりはここ！」を教える紹介カードを書く。	
	⑫	◇選んだ作品の心に残った場面とその感想を中心に，「このものがたりはここ！」紹介カードを書く。	
第三次	⑬	◇完成したものを交流する。	

⑥本時の学習（第7時／全13時間）

・本時のねらい

　大好きな場面について，なぜ好きなのか登場人物の言動を具体的に想像して説明できる。

（思Ｃエ）

・本時の展開

時間	学習活動	指導上の留意点（・）	評価（□：評価の観点）
導入 5分	1．大好きなところを確かめるために全文を音読し，前時までの振り返りをする。 2．本時のめあてを確認する。 　こころにのこった　りゆうを　ともだちとこうりゅうして　はっきりさせよう。		
展開 30分	3．どの場面が心に残ったか全文掲示の紙に名札カードを自分の選んだ箇所に貼りに行く。 4．選んだ理由をはっきりさせるためにグループ内で理由を交流する。（叙述を基に根拠を示させる。） ※交流を繰り返す。 ・同じページを開いて指さしながら理由を言い合う。 ・一緒にその文章を読んでみる。 ・何度も繰り返すことで自分の言葉にしていく。 ・グループで書き方についても交流の中で確認する。 「どうやって書くか言うね。」	・事前にノートを確認し，グループ作りの見当を付けておく。 ・違うところに貼った友達と交流してもよいことを伝える。 ・叙述を基に交流するための手立てとして同じ叙述を指さすようにする。 ・教室に掲示している「学びの足あと」（交流の進め方などをまとめたもの）を手掛かりにさせる。 ・友達との「ちがい」を大切	[思]心に残った場面を紹介するために，人物の言動を具体的に想像している。 （Ｃエ） [主]心に残った場面を紹介する交流に主体的に取り組もうとしている。

		にさせる。	
ま と め 10 分	5．理由の書き方を確認するため 　に何人か例として紹介する。 6．交流したことを基に，ワーク 　シートに書き込む。 7．本時の学習の振り返りをし， 　次時に向けての見通しをもつ。		

④ 板書計画・教材・教具・ワークシート

①板書計画（本時）

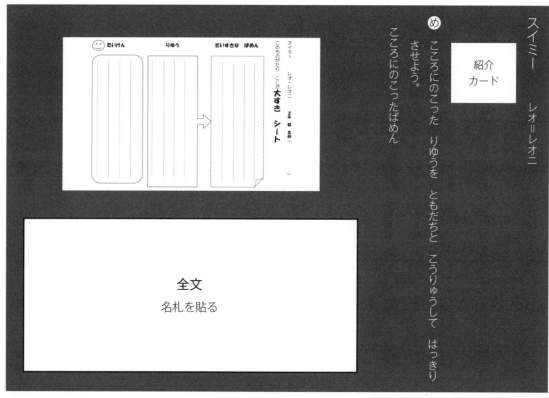

※児童が名札カードを貼れるように黒板の下側に全文掲示している。

②ワークシート

　単元を通して，いつ，どの時間に何をするかを子供たちに明示している。

第11・12時

第9・10時
（Cオ）

第7・8時
（Cエ）

第5・6時
（Cエ）

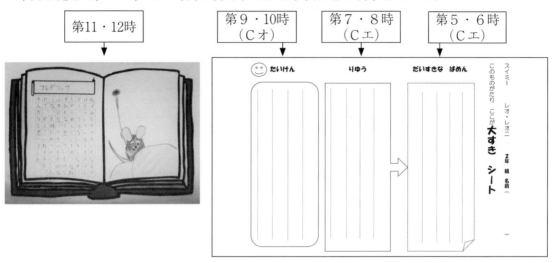

【ワークシート①】

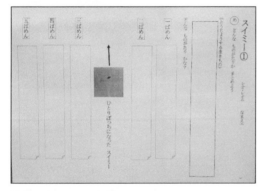

　ここでは，物語の大体を捉えながら，登場人物を確認している。

【ワークシート②】

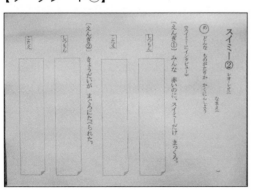

【ワークシート③】

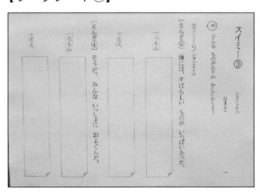

　ここでは，演劇を通して主人公にインタビューをすることで，あらすじを確認したり，心情から想像を広げたりする活動を行った。

（南　肇）

第２学年　読むこと・物語文

「スーホの白い馬」（光村図書２年下）

1 単元名・実施時期

　単 元 名：お話を想像しながら読み，心がじいんとしたおすすめの本を紹介しよう

　実施時期：１月

2 授業構想と授業実施までの手立て

付けたい力の決定

　８月ごろから指導事項の検討を始めた。低学年最後の物語文の学習で，３年生につなげていくために，物語の登場人物や主な出来事などを大づかみに捉える「Ｃ　読むこと」のオ（考えの形成）に重点を置くことにした。

教材選定・教材開発・教材研究

　教科書教材「スーホの白い馬」での読み方を生かせるように，登場人物の心のつながりが感じられる本を，並行読書材として選書した。その中には，子供たちの読書経験で感動したという本も含まれている。そこで，単元に入る３週間前に，それらに関連する本のブックトークを行い，教室に並行図書の「心ふれあいコーナー」を設け，興味・関心をもてるようにした。

「心ふれあいコーナー」と
ブックリスト

児童の実態を踏まえた指導

　これまでに「スイミー」，「お手紙」，「わたしはおねえさん」などを中心に場面の様子を想像しながら読む学習をしてきている。主人公と自分を比べながら読み，人物の言動について想像したり，文章の中から心に残った文を書き抜き，自分の経験と結び付けて好きな理由をまとめ，友達と伝え合ったりする学習をしてきている。好きな理由については，登場人物の気持ちや言動の変化に気付いて明確に自分の考えをもつことができる子供がいる一方で，自分の言葉で理由を表すことに課題が見られる子供もいる。そこで登場人物の気持ちを想像する際は，必ず人物の言動に着目するように声掛けをしてきた。交流では，本文を指さしながら「～と書いてあるから。」と文中の言葉を根拠にして伝えていけるようにした。繰り返し作品を読み，何度も伝え合うことで，自分の考えをはっきりさせたり，友達の考えとの違いに気付いたりしていけるようにした。

当該単元の言語活動の設定と特徴

　本単元では，「登場人物の心のつながりから，強く心に残ったところを『心ふれあいカード』

で紹介する」という言語活動を位置付けた。「心ふれあいカード」は，4つのパーツで構成している。①心が一番じいんとしたところと場面の絵，②主人公の言動から捉えた人物の様子，③想像した登場人物の気持ちを書いた吹き出し，④主人公の言動から想像したことを自分の経験と結び付けた好きな理由，である。「わたしはおねえさん」で，初めて「あらすじ」の学習をした。そこで，試作の段階では，あらすじをパーツに加えていたが，「心がじいんとした」ところを自分の言葉で短くまとめることで，自分の大好きな気持ちを伝えることができるように変更した。

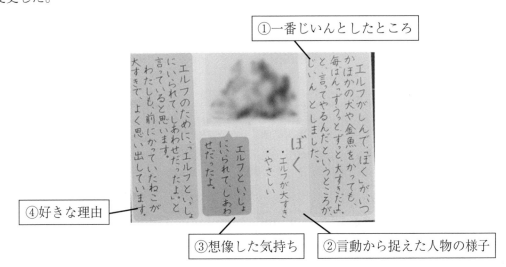

①一番じいんとしたところ

④好きな理由

③想像した気持ち

②言動から捉えた人物の様子

3 学習指導案例

①単元名・教材名（略）

②単元のねらい

　「心ふれあいカード」は，登場人物の言動に着目して選んだ「心がじいんときた」ところを紹介するためのカードである。「心ふれあいカード」を使って，自分が選んだおすすめの本の強く心に残ったところを紹介し合うとともに，さらに本を読み合ったり，図書室などで進んで探し，読み親しんだりすることを単元のゴールとする。また，登場人物の言動を基に，登場人物の様子に着目しながら，どうしてその行動をしたのかを考え，その時の人物の気持ちや場面の様子について，想像を広げながら読む能力を身に付けたい。また，並行読書材として選書した心がじいんとする物語をたくさん読み，紹介する活動を取り入れることで，楽しい本だけではなく，悲しいことやつらいことも心を感動させるということに気付けるようにしたい。このように，子供たちが意欲的に自分のおすすめの本を「心ふれあいカード」で紹介できるようにしていく。そうすることで，子供たちの「もっとお話を読みたい」，「友達におすすめの本を紹介したい」という読書活動での意欲へとつなげていければと考える。

③単元の目標

○感想を表す語句の量を増やし，語や文章の中で使うことを通して，語彙を豊かにしたり，読書に親しんだりしている。 (知・技(1)オ，(3)エ)

○場面の様子に着目して，登場人物の行動を具体的に想像しながら読むことができる。

(思Ｃエ)

○物語から心に残った文や文章を書き抜き，自分の経験と結び付けて，感想をまとめることができる。 (思Ｃオ)

○想像を広げて読むことの楽しさを味わいながら，自分や友達が見付けた物語のよさを伝え合おうとすることができる。 (学びに向かう力等)

④単元の評価規準

知識・技能	思考・判断・表現	主体的に学習に取り組む態度
・感想を表す語句の量を増やし，語や文章の中で使うことを通して，語彙を豊かにしている。((1)オ) ・「心ふれあいカード」で強く心に残ったところを紹介するためにおすすめの本を選び，登場人物の心のつながりを見付けながら読むなど，読書に親しんでいる。((3)エ)	・「読むこと」において，「心ふれあいカード」でおすすめの本を紹介するために，紹介したい場面の様子に着目して，登場人物の行動を中心に，具体的に想像を広げながら読んでいる。(Ｃエ) ・「読むこと」において，「心ふれあいカード」でおすすめの本を紹介するために，文章の内容と自分の経験とを結び付けて，感想をもっている。(Ｃオ)	・物語の強く心に残ったところを見付けながら繰り返し読み，「心ふれあいカード」で紹介しようとしている。

⑤単元計画

次	時	学習活動	指導上の留意点（・）と評価（□：評価の観点）
第一次	①②	・『登場人物の心がふれあう本』の読み聞かせを聞き，並行読書の読み進め方を考える。 ・単元の最後に「心ふれあいカード」でおすすめの本で強く心に残ったところを紹介する活動を行うための学習計画を立てる。	知読み聞かせを聞いて，自分の思いや考えを話している。((3)エ) 主学習の見通しをもち，学習に対する興味をもとうとしている。
第二次	③④	・「心ふれあいカード」でおすすめの本を紹介するために，「スーホの白い馬」の登場人物の行動に着目しながら，大まかな話の内容を捉える。	

	⑤	・主人公「スーホ」の言動から，どのような人物かを読む。	思主人公の言動から，どのような人物であるかを想像している。（Cエ）
	⑥	・「心ふれあいカード」でおすすめの本を紹介するために，おすすめの本の登場人物の行動に着目しながら，大まかな話の内容を捉える。	
	⑦	・おすすめの本の主人公の言動から，どのような人物かを読む。	思主人公の言動から，どのような人物であるかを想像している。（Cエ）
	⑧	・「スーホの白い馬」の登場人物の言動から，心触れ合うお互いの気持ちが伝わるところを見付ける。	思登場人物の言動を中心に，具体的に想像を広げ，心触れ合うところを見付けながら読んでいる。（Cエ）
	⑨	・「スーホの白い馬」の登場人物の言動から，なぜそのような言動をしたのかを考え，その言動につなげてさらに言っていることをためていく。	思強く心に残った登場人物の言動から，気持ちや場面の様子を想像して読んでいる。（Cエ）
	⑩	・「スーホの白い馬」の登場人物の言動で強く心に残ったところを選び，自分の経験と比べておすすめの理由をまとめる。　　　　【本時】	思強く心に残った登場人物の言動から，気持ちや場面の様子を想像して読んだことを基に，感想を書いている。（Cオ）
	⑪	・おすすめの本の登場人物の言動から，心触れ合うお互いの気持ちが伝わるところを見付ける。	思登場人物の言動を中心に，具体的に想像を広げ，心触れ合うところを見付けながら読んでいる。（Cオ）
	⑫	・おすすめの本を紹介するために，なぜそのような言動をしたのかを考え，その言動につなげてさらに言っていることをためていく。	思強く心に残った登場人物の言動から，気持ちや場面の様子を想像して読んでいる。（Cエ）
	⑬	・おすすめの本を紹介するために，強く心に残ったところを選び，自分の経験と比べて，おすすめの理由を「心ふれあいカード」にまとめる。	思強く心に残った登場人物の言動から，気持ちや場面の様子を想像して読んだことを基に，感想を書いている。（Cオ） 知身近なことを表す語句の量を増し，語や文章の中で使うと共に，言葉には意味による語句のまとまりがあることに気付き，語彙を豊かにしている。（(1)オ）
第三次	⑭	・「心ふれあいカード」を友達と紹介し合い，心に残ったところを交流する。紹介された本を読み，単元の学習を振り返る。	主友達に進んで本を紹介しようとしたり，友達の紹介を基に，読みたい本を選んで読もうとしたりしている。

⑥本時の学習（第10時／全14時間）

・本時のねらい

　一番強く心に残ったところを選び，自分の経験と結び付けて感想をもつことができる。

（思Ｃオ）

・本時の展開

時間	学習活動	主な発問（○）と指示（△）	指導上の留意点（・）と評価（□：評価の観点）
導入 5分	1．本時のめあてを確認する。		・本時のめあてを確認したり，1時間の見通しを明確にしたりする。
	学習課題　（「心ふれあいカード」でおすすめの本を紹介するために）一番心がじいんとしたところを選び，自分と比べて大好きな理由を書きましょう。		
展開 5分	2．強く心に残ったところを選ぶ。	△スーホや白馬の言動で，一番心がじいんときたところを選びましょう。	・登場人物の言動に着目して，一番強く心に残ったところを選ぶことができるようにする。
8分	3．強く心に残ったところのわけを自分の言葉で確かめる。	○選んだところは，なぜ一番強く心に残りましたか。自分の言葉で確かめましょう。	・心に残ったわけを考えるためには，前時に書きためた吹き出しに自分の経験と比べたことを重ねるとよいことを確かめ，自分の言葉で伝えることができるようにする。
17分	4．強く心に残ったわけを交流する。 （ペア10分，全体7分）	△自分の大好きがもっとはっきりするように，じいんとしたわけを友達に伝えましょう。	・強く心に残ったところとそのわけを友達と交流することにより，共感するところや違いを見付けて聞き合い，自分の感想を確かにできるようにする。 ・交流を通して確かになったことを基に，想像したことをカードに書くことができるようにする。
5分	5．強く心に残ったわけをカードにまとめる。	△一番強く心に残った（大好きな）わけを「心ふれあいカード」に書きまとめましょう。	思強く心に残った登場人物の言動について，自分の経験と比べて感想をもっている。（Ｃオ）
5分 まとめ	6．本時の学習を振り返り次時の学習を確認する。	△本時の学習の振り返りを書きましょう。	・次時の見通しをもつことができるようにする。

[4] 板書計画・教材・教具・ワークシート

①板書計画

　この時間は，全文掲示を活用した。全文掲示には，お互いを思っていると分かる言動に前時

までに線を引いている。本時では，一番強く心に残ったところに一人一人が名前札を貼った。また，そのところでは，さ

らにどんなことを言っているのかを想像して吹き出しに書いて掲示した。一番強く心に残った（大好きな）わけを「心ふれあいカード」に書きまとめる際に，手掛かりとなるように工夫した。

②教材・教具

　教師の「心ふれあいカード」モデル文を常に掲示しておき，本時がどの部分の学習になるのかを「きょうはここ」のマークで示すようにしている。また，学習計画も掲示しておき，単元全体の中の本時の位置付けを知るとともに，モデル文と照らし合わせて本時の学習内容を意識できるようにした。

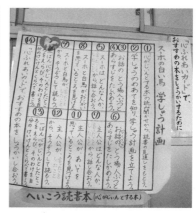

③ワークシート

　この単元では，自分が選んだ本で「心ふれあいカード」を作って紹介する。その前段階として，教科書教材「スーホの白い馬」を読む学習では，「心ふれあいカード」と同じ形式のワークシートを活用した。そうすることで，自分が選んだ本で紹介する活動にスムーズに入れるようにした。

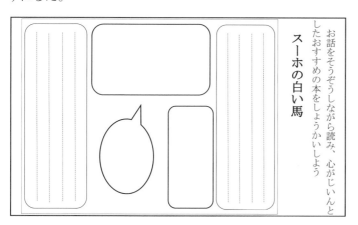

（鎌田　陽子）

第3学年　読むこと・説明文

「すがたをかえる大豆」（光村図書3年下）

1 単元名・実施時期

単 元 名：食べ物のくふうを本で調べて，へんしんブックで家の人にわかりやすくせつめいしよう

実施時期：9月

2 授業構想と授業実施までの手立て

付けたい力の決定

授業の約2か月前から指導事項の検討を始めた。当初，読むことと書くことの複合単元で考えていたが，子供の読む能力の実態を踏まえ「Ｃ　読むこと」のア（構造の内容と把握）とウ（精査・解釈）に重点を絞って単元を構成することにした。

教材選定・教材開発・教材研究

授業の約2か月前，指導事項の検討とともに，並行読書材を集め始めた。学校司書に相談しながら選書を行い，教室に食品に関する本のコーナーを設置した。題名や見出しに食材を加工する方法が書かれている本を選んだ。

児童の実態を踏まえた指導

日頃から国語辞典や図鑑を使って語句や事柄を調べる機会を設け，食品を図鑑で調べる際に必要になる，索引や目次の使い方については，子供たちが習得した状態で単元をスタートできるようにした。

当該単元の言語活動の設定と特徴

自分が選んだ身近にある食べ物をおいしく食べる工夫について図鑑や事典で調べ，分かったことをへんしんブックにまとめて説明する言語活動を設定した。へんしんブックの構成は，「はじめ（話題提示）」，「中（調べて分かった具体例）」，「終わり（まとめ）」，の構成とした。

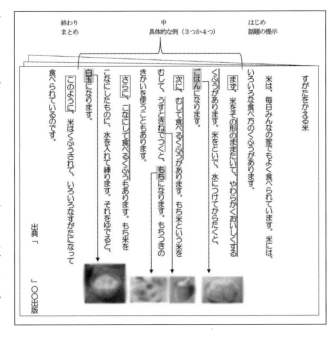

3 学習指導案例

①単元名・教材名（略）

②単元のねらい

　この単元では，必要な情報を探すことに向けて段落相互がどう結び付いているのかに着目して内容を捉えたり，そこから必要な情報を探すために中心となる語や文を見付けて読んだりする力を付けることをねらう。また，自分にとって必要な情報を様々な本，図鑑や資料から収集する必要感が生まれ，読書の幅を広げることができる。

③単元の目標

○比較や分類の仕方，必要な語句などの書き留め方，事典の使い方などを理解し，情報を集めたり整理したりする際に使うことができる。

（知・技(2)イ）

○食べ物をおいしく食べる工夫を説明するために必要な情報を探したり活用したりするために，段落相互の関係を押さえて図鑑や事典を読んだり，中心となる語や文を見付けて要約したりすることができる。

（思Ｃア，ウ）

○身近な食べ物について解説した本や資料を活用して必要な情報を調べたり，その情報を生かして食べ物をおいしく食べる工夫などを明確に書こうとしたりする。

（学びに向かう力等）

④単元の評価規準

知識・技能	思考・判断・表現	主体的に学習に取り組む態度
・比較や分類の仕方，事典の使い方などを理解し，情報を集めたり整理したりする際に使っている。((2)イ)	・「読むこと」において，必要な情報を探したり活用したりすることに向けて，段落相互の関係を押さえて読んでいる。（Ｃア） ・「読むこと」において，自分の課題を解決するのに必要な文章の中心となる語や文を見付けて読み，自分の考えを例示するために，必要な部分を引用したり要約したりしている。（Ｃウ）	・身近な食べ物について解説した本や資料を活用して必要な情報を調べたり，その情報を生かして自分の考えなどを明確に書いたりしようとしている。

⑤単元計画

次	時	学習活動	指導上の留意点（・）と評価（□：評価の観点）
第一次	①	・食べ物の工夫について知っていることを話し合い，食べ物の工夫を調べることに関して興味をもつ。	主食べ物に興味をもち，栄養士の話を聞いたり，知っていることを話したりしようとしている。
	②	・「へんしんブック」のモデルを見たり，食べ物をおいしく食べる工夫を説明するための学習計画を立てたりする。 ・食べ物に関する本や図鑑を読む。	主へんしんブックのモデルを参考にして項目を考えたり，調べたい食品を探しながら関連図書を読んだりしようとしている。
		おいしく食べるくふうを本で調べて，へんしんブックで家の人にせつめいしよう。	
第二次	③④⑤	・食べ物の工夫を説明するために「すがたをかえる大豆」を読み，表現様式の特徴をまとめたり，自分の選んだ食品の工夫を探しながら関連図書を読んだりする。 「すがたをかえる大豆」や図かんを読んで，おいしく食べるためにどんなくふうがあるのか見付けよう。 ・選んだ食品の工夫を探しながら，食べ物に関する本や図鑑を読む。 ・「すがたをかえる大豆」を読み，説明文に利用できる接続語や表現を見付け，へんしんブックに書く中心を明確にして「はじめ」を書く。	思「すがたをかえる大豆」を読み，「はじめ」「中」「終わり」の構成に分けてそれぞれの段落を大まかに捉えている。（Ｃア） 思「すがたをかえる大豆」や食べ物に関する本や図鑑を読み，食品をおいしく食べる工夫としてどのような食品が紹介されているか具体例を見付けている。（Ｃウ） 知事典の使い方を理解し，使っている。（(2)イ）
	⑥⑦⑧	・自分が選んだ食べ物の工夫を説明するために，関連する本から必要な情報を引用し，条件に当てはめて「へんしんブック」の文章を書く。 ・抜き出した語や文を「〜するくふうがあります。〜です。」という教材文の記述にならって書き直す。 ・分かりやすく伝えるための説明の工夫について考え，自分の説明文の事例の順番を決める。　【本時】 本や図かんを読んで見付けた食べ物のくふうを，分かりやすいじゅんじょにならべよう。 ・「中」と「終わり」を清書し，へんしんブックを仕上げる。	知図鑑や事典などから，自分の課題の答えとなる語や文を，目次や索引，見出しを利用して探したり，見付からないときは検索語や本を換えたりして，付箋を貼ったり，カードに短い言葉で書いたりしている。（(2)イ） 思食べ物に関する本や図鑑を読み，食品をおいしく食べる工夫や紹介されている食品を引用したり要約したりしてカードにまとめている。（Ｃウ） 思筆者の考えを効果的に伝えるための事例の並べ方についての工夫を考えながら読み，事例の順番を考えている。（Ｃア）
第三次	⑨	・おいしく食べる工夫を伝え合い，単元全体の学習を振り返る。	主「へんしんブック」を使って食べ物をおいしく食べる工夫について調べたことを説明しようとしている。

70

⑥本時の学習（第8時／全9時間）

・本時のねらい

　「すがたをかえる大豆」では，事例が紹介されている順番が工夫されていることに気付き，選んだ文章を読み返して，段落相互のつながりを考えて事例の順番を決めることができる。

（思Ｃア）

・本時の展開

時間	学習活動	主な発問（○）と指示（△）	指導上の留意点（・）と評価（□：評価の観点）
導入 5分	1．本時の学習課題と学習の進め方を確認する。 本や図かんを読んで見付けた食べ物のくふうを，分かりやすく組み立てよう。	△今日の課題と学習の流れを確認しましょう。	・選んだ食品のおいしく食べる工夫をどのように捉えたのかを話せるように，前時に書いたカードを読み返し，へんしんブックに書く順番を決められるようにしておく。
展開 5分	2．前時までの活動を振り返り，考えを確認する。 ・「すがたをかえる大豆」を読んで見付けた，分かりやすい説明の工夫を確認する。 ・カードに書かれている食べ物をおいしく食べるための工夫について，もう一度見直し，へんしんブックに書くために順序を考える。	○「すがたをかえる大豆」では，分かりやすく説明するために，どんな工夫がありましたか。 △おいしく食べる工夫を見直して，へんしんブックの「中」に書く順番を考えましょう。	・見た目の分かりやすい事例，加工に時間がかからない事例から並べていることが筆者の工夫だということを確認する。
20分	3．グループごとに，自分が選んだ食品と，図書資料から見付けたおいしく食べるための工夫を，へんしんブックに書く順番に紹介し合う。 ・選んだ食品 ・おいしく食べるための工夫	△グループの友達と，文の組み立てを相談しましょう。	・グループで一人ずつ順番に，カードや本の叙述を示しながら，おいしく食べる工夫と資料，載せる順番について説明する。 ・教師はカードの整理が難しい子供を中心に支

	・分かりやすくするために選んだ写真や図などの資料 ・へんしんブックで紹介する順番を決めたわけ ・それぞれのへんしんブックに書く内容や，順番，資料の使われ方について検討する。		援する。 ・分かりにくい言葉や文があれば必ず質問し，全員が分かったら次に進むようにする。 ・グループで話し合っても順番が決められなかった場合は，全体化してみんなで検討する。
10分	4．全体で，工夫を紹介する順番や資料の使い方について，気付いたことを話し合う。 ・よく知られている食品から，あまり知られていない食品の順に並べた。 ・みんながよく食べている物から並べることにした。 ・言葉から想像しにくい食品の作り方を紹介するために，作り方の写真を提示した。	○友達と相談して気付いたことや，考えたことは，どんなことですか。 ○次回は，へんしんブックを完成させます。	・全体の交流を経て自分の考えの見直しを図るために，本を読み直したり，再度グループで話し合ったりするよう指導する。
まとめ 5分	5．活動したことや学習したことで気付いたことや感じたことを振り返る。 ・「中」の段落をどのような順序に決めたか。 ・写真資料は，何を選んだのか。	△振り返りをします。この時間で自分の考えがどのようにまとまっていったのか，できるだけ具体的に書きましょう。	・どのように自分の考えがまとまっていったかを振り返りの中で詳しく書く。 思筆者の考えを効果的に伝えるための事例の並べ方についての工夫を考えながら読み，事例の順番を考えている。 （Cア）

4 板書計画・教材・教具・ワークシート

①板書計画

ふりかえり

・自分の「中」のじゅんばんは、みんながよく知っているものから、あまり知らないものにした。よく知られているものが始めに出てきたら、きょうみをもって読んでくれると思ったから。
・「中」のじゅんばんは、豆乳から始めて、とうふ、油あげにした。とうふは豆乳から出来て、油あげはとうふから出来るじゅんに書いてくれると分かりやすいと思ったから。
・「きねつきもつく」の言葉を使った。
・どのように作られているのかが分かりにくいと思ったので、作り方の写真を入れた。

目に見えない……くふう

大切な……くふう ←

こなに……くふう ←

大豆を……くふう

※「いちばん分かりやすい」くふうから始めて、少しずつすがたがかわっているものを書いていた。

ぬのを使って中身をしぼり出します。

豆まきに使う豆

写真

※分かりにくい文や言葉には、写真を使っていた。

分かりやすくせつめいするために、国分さんは……

※分かりやすくするための写真をえらぶ。

おいしく食べるためのくふうを調べる。
→調べたことをだん落ごとにカードにまとめる。

前時まで

本や図かんを読んで見つけたおいしく食べるくふうを分かりやすく伝える文の組み立てを決めよう。

②教材・教具

単元のゴールを明確にするために、子供には教師が作成した「へんしんブック」のモデルを第2時で提示した。右に示すのは、指導案作成時に教材文を基に作成した「へんしんブック」のモデルである。指導事項に対応したものになっているか検討し、修正していった。(p.68参照)

③ワークシート

段落に共通する記述の特徴に着目し、色分けしながら「くふう」と「食品」、つなぎ言葉を発見するワークシート（❶）と、関連する本の情報を引用し、書き直すことができるように、教材文の表現様式だけを残したシート（❷）を活用した。

（阿部　千咲）

【ワークシート❶】

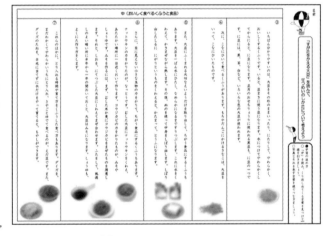

【ワークシート❷】

いちばん分かりやすいのは、

くふうがあります。
です。

次に

くふうがあります。
です。

また

くふうがあります。
です。

さらに

くふうがあります。
です。

これらのほかに

くふうがあります。
です。

第3学年　読むこと・物語文

「三年とうげ」（光村図書3年下）

1　単元名・関連教材・実施時期

単　元　名：民話の面白いと思うところを伝え合おう

関連教材：世界の民話

実施時期：11月

2　授業構想と授業実施までの手立て

付けたい力の決定

　授業の3か月前から指導事項の検討を始めた。全時数6時間の中で，「物語を読んで考えたことを話し合い，一人一人の感じ方について違いがあることに気付くことができる。」と「場面の移り変わりを捉え，登場人物の気持ちや変化や情景を想像することができる。」のどちらに重点を置くか迷ったが，授業研究をしていく中で，どちらも網羅できるような言語活動を設定していくことを考えた。

教材選定・教材開発・教材研究

　授業の約1か月前から並行読書材を集め始め，単元導入の2週間前から教室に民話コーナーを設置し，朝の時間などを活用して自分のお気に入りの作品を選ぶことができるようにしておいた。場面展開が捉えやすく，複数の叙述を結び付けて面白さを味わうことのできる世界の民話8作品を，周りの先生や学校司書に相談しながら選書した。

児童の実態を踏まえた指導

　場面と場面を結び付けて読むことができるよう文章全体を一覧できる全文シートを活用し，面白いと思うところやその根拠となる叙述を明確にしながら読んだり交流したりできるようにした。交流の際は，拡大した掲示用全文シートの面白いと思ったところに名前入りの付箋を貼り，同じ場所を選んだ友達，違う場所を選んだ友達が分かるようにした。同じ場面を選んでもその根拠となる叙述が違ったり，違う場面を選んだ友達の意見もまた様々だったりと，一人一人の感じ方の違いを実感し，子供が明確な意図をもって交流することができたと感じた。

当該単元の言語活動の設定と特徴

　本単元では「民話の面白いと思うところを，2枚の絵で伝え合う」という言語活動を行う。子供同士の交流の際は，交流したい相手とペアを組み，着席。机の真ん中にシートを置き，面白いと思うところとその根拠となる叙述を指さしをしながら意見を交換する。友達と交流することで，より場面の移り変わりを明確に理解することができる。

③ 学習指導案例

①単元名・教材名（略）

②単元のねらい

　「民話の面白いと思うところを，2枚の絵で伝え合う」言語活動を行う際は，一番面白いと思うところの絵とその前か後の場面の絵を選び，面白いと思うところとその理由を伝え合うことができるようにする。複数の叙述や挿絵と結び付けて読むことを通して，登場人物の気持ちの変化などについて，場面の移り変わりと結び付けて具体的に想像する力を育てる。また，面白いと思う理由について交流する活動を通して，一人一人の感じ方などに違いがあることに気付くことができると考える。

③単元の目標

○民話の面白いと思うところを表現するための語句の量を増し，伝える際に使うことで語彙を豊かにすることができる。　　　　　　　　　　　　　　　　　　　　　（知・技(1)オ）

○お気に入りの民話を選んだり，面白いと思うところを見付けたりすることを通して，読書への興味や関心が広がる楽しさを味わうことができる。　　　　　　　　　　（知・技(3)オ）

○場面の移り変わりと結び付けて気持ちの変化などを想像し，民話の面白いと思うところを明らかにしたり，民話を読んで感じたことや考えたことを共有し，一人一人の感じ方などに違いがあることに気付いたりすることができる。　　　　　　　　　　　　　　（思Ｃエ，カ）

○民話の面白いと思うところを伝えることに関心をもち，面白いと思うわけを明らかにするために繰り返し読もうとすることができる。　　　　　　　　　　　（学びに向かう力等）

④単元の評価規準

知識・技能	思考・判断・表現	主体的に学習に取り組む態度
・民話の面白いと思うところを表現するための語句の量を増し，伝える際に使うことで語彙を豊かにしている。((1)オ) ・お気に入りの民話を選んだり，面白いと思うところを見付けたりすることを通して，読書への興味や関心が広がる楽しさを味わっている。((3)オ)	・「読むこと」において，場面の移り変わりと結び付けて気持ちの変化などを想像し，民話の面白いと思うところを明らかにしている。(Ｃエ) ・「読むこと」において，民話を読んで感じたことや考えたことを共有し，一人一人の感じ方などに違いがあることに気付いている。(Ｃカ)	・民話の面白いと思うところを伝えることに関心をもち，面白いと思うわけを明らかにするために繰り返し読もうとしている。

⑤単元計画

次	時	学習活動		指導上の留意点（・）と評価（□：評価の観点）
事前		・世界の民話を読む。	世界の民話の並行読書	・教師による読み聞かせも行う。 ・教室に世界の民話コーナーを設ける。 ・「世界の民話ブックリスト」を活用する。
第一次	①	・教師の紹介モデルを見て，本単元の活動を見通す。 ・自分のお気に入りの民話を選ぶ。		・活動のイメージを明確にし，学習を見通すことができるようにする。 主世界の民話に興味をもち，民話の面白いと思うところを探しながら読もうとしている。
第二次	②	【三年とうげ】 ・あらすじを押さえ，一番面白いと思うところを選ぶ。		・第2～4時では，自分のお気に入りの民話の面白いところを説明することを目指して，「三年とうげ」で学びを深めていくということを意識することができるようにする。 ・同じ民話を読んでも，面白いと思うところやその理由が違うことがあることに気付くことができるようにする。 ・面白いと思うところとその理由を伝えるために必要な2枚の絵も決めることができるようにする。（①一番面白いと思う場面の絵，②その理由を説明するための絵） 思場面の移り変わりと結び付けて面白いと思うところとその理由をまとめている。（Cエ） 思一人一人の感じ方などに違いがあることに気付いている。 （Cカ）
	③	・一番面白いと思うところとその理由を明確にするために友達と交流する。 【本時】		
	④	・面白いと思うところを2枚の絵で伝え合う。		
第三次	⑤⑥	【自分のお気に入りの民話】 ・一番面白い思うところ（場面）とその理由についてまとめる。 ・面白いと思うところを2枚の絵で伝え合う。 ・単元の学習を振り返る。		・面白いと思う理由が書かれている叙述を探して全文シートに線を引き，一番面白いところの叙述と結び付けながら読み，面白いと思うところとその理由を言葉で表現できるようにする。 ・面白いと思うところとその理由を伝えるために必要な2枚の絵も決めることができるようにする。 思場面の移り変わりと結び付けて面白いと思うところとその理由をまとめている。（Cエ） 思一人一人の感じ方などに違いがあることに気付いている。 （Cカ） 知民話の面白いと思うところを表現するための語句の量を増し，伝える際に使うことで語彙を豊かにしている。（(1)オ） 知お気に入りの民話の面白いと思うところを見付けることを通して，読書への興味や関心が広がる楽しさを味わっている。 （(3)オ）

⑥本時の学習（第3時／全6時間）

・本時のねらい

　「三年とうげ」の面白いと思うところとその理由を場面の移り変わりと結び付けて捉え，その読みを交流することを通して一人一人の感じ方などに違いがあることに気付くことができる。

（思Cエ，カ）

・本時の展開

時間	学習活動	主な発問（○）と指示（△）	指導上の留意点（・）と評価（□：評価の観点）
導入 5分	1．本時のめあてを確認する。 学習課題 「三年とうげ」で自分がおもしろいいと思うところとその理由をはっきりさせよう。	△前回は面白いと思うところに線を引いたので，今日はその理由をはっきりさせるために友達と伝え合いましょう。 △全文シートを見ると，いろいろなところに付箋が貼られているので，聞いてみたいと思う友達と交流をしましょう。	・拡大全文シートに貼った付箋の位置を手掛かりにして，同じ叙述や違う叙述を選んでいる友達を選び，自由に交流ができるようにする。 ・一番面白いと思うところ（場面）が書かれている叙述を指し示しながら，理由まで伝え合うことができるようにする。
展開 15分	2．一番面白いと思うところ（場面）とその理由を明確にするために友達と交流する。 3．複数の叙述を関係付けると，面白いと思う理由をうまく捉えられることに気付く。	△交流の仕方はいつも通り机の中心にプリントを置いて行いましょう。 ○面白いと思うところしかまだ線が引けてない子は，友達と相談しながら見付けてもいいですよ。 （予想される児童の様子） ・複数の叙述を明らかにして理由を説明している。 ・場面の移り変わりと結び付けて理由を説明しているが，叙述を意識してはいない。 ・一番面白いと思う場面の様子だけに着目して理由を説明している。	・同じ民話を読んでも，面白いと思うところ（場面）やその理由が違うことがあることに気付くことができるようにする。 思一人一人の感じ方などに違いがあることに気付いている。 （Cカ）
10分	4．面白いと思う理	△では，みんなに教えてください。	・場面の移り変わりと結び付けて

Chapter
5

	由が書かれている叙述と一番面白いところ（場面）の叙述を結び付けながら読み，面白いと思う理由をはっきりさせる。	○□□さんの面白いと思うところとその理由についてよく分かったね。どうして分かりやすかったのだろう。 ○場面と場面をつなげて説明すると理由が広がるね。つなげて説明するときには， 【説明のポイント】 ○前は…だったのに，その後… ○…がきっかけで，その後… のような言葉を使って，友達に伝えると分かりやすいことに気付けましたね。	理由を説明している子供の発言を基に，面白いと思う理由が書かれている叙述に着目できるように導く。 ・場面の移り変わりと結び付けて面白いと思う理由を説明すると，お話の面白さがより伝わることを確認する。
10分	5．面白いと思う理由をより明確にするために友達と交流する。	△では，今の確認した説明のポイントを生かして，今度は隣の人と面白いと思うところとその理由を伝え合ってみよう。	・面白いと思う理由が書かれている叙述を探して全文シートに線を引き，一番面白いところ（場面）の叙述と結び付けながら読み，面白いと思うところ（場面）とその理由を言葉で表現できるようにする。
まとめ 5分	6．学習を振り返り，次時の見通しをもつ。	△では，今日の学習を振り返ってみましょう。 【振り返りのポイント】 学習を通して，気付いたこと・分かったこと・感じたこと・考えたこと・次はこうしたいと思うこと ○次の時間は，今日友達と伝え合ったことを「三年とうげ」の紹介カードとして書いてみましょう。	・隣の友達とペアを組み，全文シートの叙述を指し示しながら，面白いと思うところ（場面）とその理由について説明することができるようにする。 ・振り返りの視点を与えておく。 恩場面の移り変わりと結び付けて面白いと思う理由をはっきりさせている。（C エ） （全文シート）

78

4 板書計画・教材・教具・ワークシート

①板書計画

②教材・教具

【世界の民話ブックリスト】

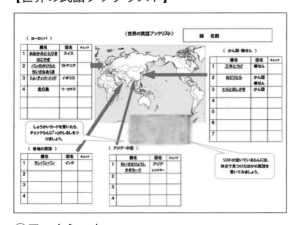

【第1時に提示した教師のモデル文】

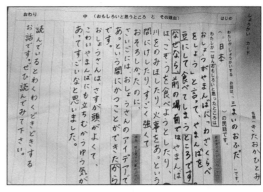

③ワークシート

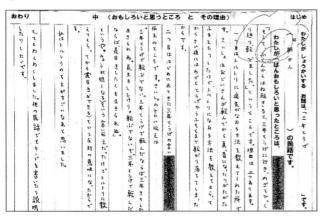

付箋の位置を手掛かりにして，同じ叙述や違う叙述を選んでいる相手を選ぶ様子

（喜多岡　仁美）

第3学年　読むこと・物語文

「ゆうすげ村の小さな旅館」（東京書籍3年下）

1 単元名・実施時期

単　元　名：ふしぎめがねで物語のふしぎをとき明かそう！

実施時期：6月

2 授業構想と授業実施までの手立て

付けたい力の決定

授業の約2か月前から指導事項の検討を始めた。当初，主な指導事項を「Ｃ　読むこと」のイ（構造と内容の把握）とするか，エ（精査・解釈）とするかで迷っていたが，事前に実践した物語教材の際に，登場人物の気持ちを想像して読むことがある程度定着できたことから，本単元ではエ（精査・解釈）に重きを置くことに決定した。

教材選定・教材開発・教材研究

授業の約1か月前から，並行読書を集め始めた。教科書教材の「ゆうすげ村の小さな旅館」はシリーズ作品であり，旅館を舞台にした12の物語がある。そのシリーズの中で，根拠となる叙述から「こうだったのかな？」と想像を広げて不思議を解き明かすことに適している物語を4つ選定し，また，他のファンタジー作品でも同様に選定した。導入の1時間目を行った後に，並行読書教材の読み聞かせをし，自分の作品を選ぶ足掛かりとした。1か月前から，成果物の試作も始めた。当初，物語のしかけに着目して学習を進めようかと考えていたのだが，それよりも不思議に着目し，解き明かすために証拠を見付けながら読み進める方が，場面と場面をつなぎ，想像を広げながら読むことができると助言をいただいた。

児童の実態を踏まえた指導

学年当初，ペアでの交流が十分にできていなかったため，他の教科でもペアトークを取り入れた学習を行った。その際には，交流のルールを伝え，相手の考えや疑問に対して，何か言葉を返すことも伝えた。回を重ねるごとに，子供たち同士の会話の中で思考し，学び合う姿を見ることができた。また，交流の前には，自分の交流の目的を考える時間を設け，目的意識をもって交流に臨めるようにした。

当該単元の言語活動の設定と特徴

言語活動として「不思議眼鏡をつくる」活動を設定した。子供たちが物語を読んでいくときに，わき出てくる疑問を物語の不思議として定義した。不思議眼鏡とは，虫眼鏡の形をした紙で，表と裏に自分が読み取った内容を書きまとめていくものとした。不思議眼鏡には次に挙げ

る３つの内容を書く。①一番のふしぎ…物語を読んで自分が一番人に伝えたい不思議だなと思ったところを書く。②ふしぎをとき明かす根拠となるところ…自分の選んだ不思議の謎を解き明かす根拠となる叙述を書く。③ふしぎのとき明かし…一番の不思議と不思議を解き明かす文がつながる理由を想像を広げて書く。①の内容は表に，②，③の内容は裏に書く。物語を読んで自分が不思議だと思ったところとそれを解き明かす文を探し，不思議を解き明かしていくことで，場面と場面のつながりを感じ，想像を広げて読むことができると考えた。

③ 学習指導案例

①単元名・教材名（略）

②単元のねらい

第一次では，まず，「ゆうすげ村の小さな旅館」を読み，ファンタジー作品の面白さに触れ，その特有の不思議な世界の謎を解き明かす活動に意欲をもたせる。そして，今まで学習してきた作品の中で不思議に感じた叙述や内容を想起させ，不思議の定義付けをする。次に，教師が作成した「不思議眼鏡」を提示することで，自分自身が「不思議探偵」になり，「不思議眼鏡」を作成することに興味をもたせる。教科書教材の読みを，並行読書教材でも活用しながら学習を進められるようにする。

第二次では，教科書教材及び，並行読書材で，不思議なところを見付け，その根拠となる叙述を探しながら本文を読み深めていく。場面と場面とを関連付けて読んだり，つなげたりすることができるよう全文シートを使い，学習を進める。不思議なところと解き明かしの根拠となる叙述が見付かったら，その理由をまとめる。理由には，叙述から想像を広げて書くことができるようにする。なお，学習した内容をすぐに活用できるように，共通教材と並行読書材は交互に扱い，「不思議眼鏡」を完成させる。

第三次では，できあがった「不思議眼鏡」を作品ごとにまとめて展示する。友達の作品を読み合い，交流させる。この学習を通して，ファンタジー作品を読むことにより，不思議を見付けながら主体的に読むことができるようになることを期待する。

③単元の目標

○不思議眼鏡にまとめるために，必要な語句を増やすことができる。

（知・技(1)オ）

○不思議の解き明かしをするために，場面と場面を関連付けて読むことができる。

（思Ｃエ）

○ファンタジー作品に興味をもち，物語の不思議さを味わいながら読もうとすることができる。

（学びに向かう力等）

④単元の評価規準

知識・技能	思考・判断・表現	主体的に学習に取り組む態度
・不思議眼鏡にまとめるために，必要な語句を増やしている。((1)オ)	・「読むこと」において，不思議の解き明かしをするために，場面と場面を関連付けて読んでいる。（Cエ）	・ファンタジー作品に興味をもち，不思議の面白さを味わいながら読もうとしている。

⑤単元計画

次	時	学習活動	指導上の留意点（・）と評価（□：評価の観点）
第一次	①	・「ゆうすげ村の小さな旅館」の読み聞かせを聞く。ファンタジー作品の面白さに触れ，自分が選んだ「不思議眼鏡」を作っていくことを見通す。 ・学習計画を立てる。 ・並行読書を読み進める。	主物語を読むことに興味をもち，不思議眼鏡を作ることに意欲的に取り組もうとしている。 （発言・態度） ・物語の不思議にはどんなものがあるかをクラス全体で話し合う。
		学習課題　ふしぎめがねで物語のふしぎをとき明かそう！	
	②	・「ゆうすげ村の小さな旅館」で言葉の意味の確認をし，物語の大体を捉える。	知表現したり理解したりするために，必要な語句を増やしている。((1)オ) （発言・ワークシート）
第二次	③	・「ゆうすげ村の小さな旅館」で，不思議なところをたくさん見付ける。	・お互いが見付けた不思議なところを交流し，いろいろな着眼点に気付くことができるようにする。
	④	・自分の選んだ作品で，不思議なところをたくさん見付ける。	・教科書教材での学びをすぐに自分の選んだ作品の読みに生かせるようにする。
	⑤	・「ゆうすげ村の小さな旅館」で，不思議を解き明かす文を探し，自分の考えをもつ。	・不思議なところの前後の文から手掛かりを見付けている子供の読みを紹介する。
	⑥	・「ゆうすげ村の小さな旅館」で，一番の不思議について，交流を通して自分の考えをまとめる。　　　　　　【本時】	思不思議を解き明かすために，場面と場面を関連付けて読んでいる。（Cエ） （全文シート・付箋・不思議眼鏡）
	⑦	・自分の選んだ作品で，不思議を解き明かす文を探し，自分の考えをもつ。	・教科書教材での学びをすぐに自分の選んだ作品の読みに生かせるようにする。
	⑧	・同じ作品を選んだグループで，交流を通して，一番の不思議について，自分の考	・読んで想像したことを互いに説明し合うことで，より確かなものにさせていく。

		えをまとめ，「不思議眼鏡」を完成させる。	
第三次	⑨	・「不思議眼鏡」を読み合い，交流する。	匣友達の作った不思議眼鏡を読み，感じたことを書こうとしている。 （付箋・観察）
	⑩	・単元を振り返り，まとめをする。	匣単元を振り返り，感想を書いている。 （ノート）

⑥本時の学習（第6時／全10時間）

・本時のねらい

　自分の見付けた不思議と不思議を解き明かす根拠となる叙述とを結び付けて，想像を広げて読むことができる。（思Ｃエ）

・本時の展開

時間	学習活動	主な発問（○）と指示（△）	指導上の留意点（・）と評価（□：評価の観点）
導入 10分	1．前時までの学習を振り返り，本時のめあてをつかむ。	○これまで，ゆうすげ村の学習で，何をするために勉強してきましたか。 ○今日のめあては何ですか。	・単元や本時のめあてを確認し，学習に見通しをもたせる。
	学習課題　一番のふしぎについて，交りゅうして自分の考えをまとめよう。		
	2．見付けた一番の不思議とそのわけを確認する。	○自分の一番の不思議と理由を見付けた人は紹介してください。	・代表児童でモデルを示し，複数の叙述をつないでもよいことを伝える。
展開 15分	3．一番の不思議を解き明かすために見付けた不思議と解き明かす叙述がどのようにつながるのかを交流する。 ・わたしの一番の不思議は，なぜ○○なのか？です。〜や〜に書いてあることから，△△だと思いました。 ・わたしが不思議かな？と思っているところは	○今から交流をしますが，自分は何のために交流をするのか考えてみましょう。 △交流の一人目は，できるだけ同じところを選んだ人と交流しましょう。 △終わった人は，次の人と交流しましょう。 △交流のめあては達成できて	・一人一人めあてが違うので，自分が交流に行く目的を意識させてから交流を行うように声をかける。 ・全文掲示で，自分が選んだ一番の不思議のところに名前磁石を貼らせ，交流の手掛かりとさせる。 ・初めに同じところを選んだ子供と交流させることで，証拠が見付かっていない子供が見付ける際の手掛かり

Chapter
5

	○○です。どう思いますか？ ・ぼくは○○が一番の不思議だと思っているんだけど，どこから説明できるかが分かりません。教えてください。	いますか。 △友達の意見を聞いて，新しく書き足したところは，前とは違う色で線を引きましょう。	・とさせる。 ・話型を提示することで，交流するときの手掛かりとさせる。 ・不思議が見付かっていない子供や，理由が分からない子供には，交流する中で見付けたらいいことを伝える。 ・交流する中で見付かった不思議もワークシートに書き足していいことを伝える。 ・本時の学びは違う色で書き足させることで，本時の評価の手掛かりとする。
15分	4．見付けた一番の不思議をまとめる。 ・〜からだと思います。 ・〜ではないかと思いました。 ・〜から□□□かなと考えました。 ・□□□というところから，〜だったのかなと思いました。	△交流を通して，新しい考えや付け足したいところが増えたと思います。自分のシートにまとめてみましょう。 △まとめるときに使ったらいい言葉を前に貼っておきます。困ったら使ってみましょう。 △まとめられた人は，自分の本で，どこに証拠があるのか探してみましょう。見付けたら赤鉛筆で線を引きます。	・全文シートに新たな理由をまとめさせる。その際，友達が見付けていた根拠を使ってもいいことを伝える。 ・書く際に話型を提示し，まとめていく手掛かりとさせる。 思場面と場面をつなげながら想像を広げて読んでいる。 （Cエ） ・早く終わった子供については，今日の学びを生かし，自分の本で不思議の解き明かしをさせる。
まとめ 5分	5．本時のまとめと次時の確認をする。	○今日の授業で，目標は達成できましたか。今日のめあてが達成できたかどうか，振り返りをノートに書いてみましょう。 ○次の時間は何を学習しますか。	・交流を通して，本授業のめあてが達成できたかを考えさせる。 ・次時では，自分が選んだ作品の不思議の解き明かしをすることを確認する。

4 板書計画・教材・教具・ワークシート

①板書計画

　本時は，代表児童が発表した不思議の解き明かしを全文掲示を用いて矢印で示した。全文掲示と子供たちが持っている全文シートは同じ形にした。また，交流や不思議をまとめていく際に手掛かりとなる話型も前に掲示した。

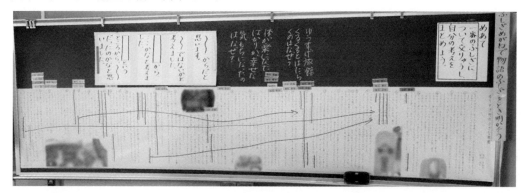

②教材・教具

　教科書教材での不思議の解き明かしを行う際，全文シートを使用し，学習を進めた。教科書教材で学習した内容を，次の時間には，自分が選んだ並行読書で行い，学習した内容がすぐに生かせるようにした。

③ワークシート

　全文シートには授業開始時点で，子供たちは自分の一番の不思議と解き明かす証拠と理由を書き込んでいた。しかし，子供によっては，授業開始のときには，理由が書けていても証拠が見付かっていなかったり，証拠が見付かっていても理由が書けていなかったりと進度に差がある状態だった。授業後には，交流を通して自分なりに不思議を解き明かすことができていた。

教科書　全文 根拠となる文を見付けて，線でつなげる		
・不思議を書き出す	・不思議の解き明かしの理由	

（吉村　育子）

9

「ウナギのなぞを追って」（光村図書4年下）

1 単元名・実施時期

　単　元　名：「へえ！そうやったんや！」生き物の「初耳」を友達に伝えよう

　実施時期：1月

2 授業構想と授業実施までの手立て

付けたい力の決定

　授業の約5か月前から指導事項の検討を始め，当単元の学習までに，「C　読むこと」のア（構造と内容の把握）を中心として説明的な文章の学習を進めていくこととし，本単元ではその学習を生かしながら，ウ（精査・解釈）に重点を置くことにした。子供一人一人が，自分が興味をもった生き物の生態を中心として説明するために，複数の資料から必要な語や文を見付けて要約できる力を付けようと考えた。

教材選定・教材開発・教材研究

　授業の約2か月前から子供が紹介したい動物を決めるために，ブックトークで様々な動物を紹介したり，学校図書館で動物の生態を調べたりしながら，友達に紹介したい動物の生態を少しずつ決めていった。

　単元の約1か月前には，子供が紹介したい動物の生態を決め，その動物に関する図書を地域の図書館と相談しながら一人に三冊ほどいきわたるように借りることにした。

児童の実態を踏まえた指導

　これまでの説明的な文章の学習では，自分が驚いたことについて調べたことをポスターにまとめたり，興味をもったことについて調べたことをリーフレットにまとめたりしてきた。その際，子供が伝えたいことに関することだけでなく，それほど必要とは考えられない内容も使っていることが見られた。そこで，必要な文章だけを見極めることに必然性をもたせて学習を進められるようにした。

当該単元の言語活動の設定と特徴

　本単元での付けたい力として，ウ（精査・解釈）を目的としている。そうした場合，これまでの子供の実態も踏まえて考えると，ポスターやリーフレット型ツールを用いた活動にすると，書くことに意識が強くなると考えた。そこで，より短い言葉で説明する必要のあるフリップボードで説明することを言語活動とした。そうすることで，子供各々が調べて分かった情報の中から，不必要な情報を削っていくことを意識して進められると考えた。

3 学習指導案例

①単元名・教材名（略）

②単元のねらい

　この単元では，自分の選んだ生き物の生態を紹介するためにフリップボードを作る。自分の伝えたいことを中心に調べたことの中から本当に必要な情報だけをフリップボードに使う言葉として取捨選択していく。この活動を通して，子供に要約する力を付けることがねらいである。

③単元の目標

○フリップボードを友達により伝わりやすくするために，辞書や事典などを活用することができる。

（知・技(3)オ）

○友達に自分が興味をもった生き物の「初耳」を紹介するために，本の内容を書き抜いたり要約したりしてフリップボードを作り，生き物の生態を明らかにして読むことができる。

（思Cウ，オ）

○友達に紹介したいという思いをもって，進んで科学的な読み物などを読もうとしている。

（学びに向かう力等）

④単元の評価規準

知識・技能	思考・判断・表現	主体的に学習に取り組む態度
・「フリップボード」をより分かりやすいものにするために，辞書や事典などを活用している。((3)オ)	・「読むこと」において，紹介する理由を説明するために中心となる語や文を見付けて要約したり，引用したりしている。（Cウ） ・「読むこと」において，自分が紹介したいことについて，自分の考えを明らかにしながら読んでいる。（Cオ）	・「フリップボード」を作って友達に興味をもったこと紹介したいという思いをもって，進んで科学的な読み物を読もうとしている。

⑤単元計画

次	時	学習活動	指導上の留意点（・）と評価（□：評価の観点）
第一次	①	・生き物のブックトークを聞き，自分が紹介したいことを決める。	・様々な生き物を紹介する中で，生き物にはそれぞれ面白い生態があることを伝える。 主生き物の生態に関心をもち，進んで資料を読もうとしている。

「へえ！そうやったんや！」生き物の「初耳」を友達に伝えよう。

	②	・フリップボードを書くために必要なことを考え，学習計画を立てる。	・フリップボードを作るためには，要約する力が必要だと考えられるようにする。 主フリップボードを書くために必要なことは何かを考えようとしている。
第二次	③④	・「ウナギのなぞを追って」の興味をもったところや疑問を見付け，友達と交流する。	・筆者の考えや事実を区別し，興味をもてるところや疑問を見付けるようにする。 思「ウナギのなぞを追って」を読み，自分が興味をもてるところを見付けたり疑問についての考えをまとめたりしている。（Cオ）
	⑤⑥	・「ウナギのなぞを追って」についての初耳や疑問について交流し，必要な言葉や文章をはっきりさせる。	・興味をもったところによって，要約に必要な言葉や文が違うことを確認する。 思興味をもったところを中心に要約するために必要な語や文を見付け，まとめている。（Cウ）
	⑦	・「ウナギのなぞを追って」の要約カードを交流する。	・自分が興味をもったことを中心として選んだ言葉や文を説明できるようにしておく。 思要約カードを交流し，さらに伝わりやすいように書き換えている。（Cウ）
第三次	⑧⑨	・自分の選んだテーマを伝えるために必要な語や文を見付け，要約カードにまとめる。	・伝わりそうにない言葉や文があったときは，辞書や百科事典なども利用して調べるようにする。 知フリップボードを分かりやすいものにするために，辞書や事典などを利用して調べている。 （(3)オ）
	⑩	・自分の選んだことを伝えるための語や文を交流してはっきりさせる。　　　【本時】	・自分の伝えたいことを中心に交流し，フリップボードに必要な言葉や文を明確にできるようにする。 思自分が選んだテーマを伝えるために，中心となる語や文を見付け，根拠をもって明確に説明している。（Cウ）
	⑪	・交流を生かして，自分が伝えたいことのフリップボードを完成させて交流する。	・自分の「初耳」がより伝わるように，これまでの学習を生かしてまとめられるようにする。 思自分の「初耳」がより伝わるように，読んで考えたことをまとめている。（Cオ）

⑥本時の学習（第10時／全11時間）

・本時のねらい

　自分が選んだ生き物とその中で一番興味をもったところを中心に要約する上で必要な語や文を明確にできる。（思Ｃウ）

・本時の展開

時間	学習活動	主な発問（○）と指示（△）	指導上の留意点（・）と評価（□：評価の観点）
導入 5分	1．課題を確認する。	○今日は友達と要約カードを交流しながら，必要なキーワードや文を見付けたり，不必要なものを削ったりしましょう。	・自分なりに考えをはっきりもてているか，自信がないかを確認するようにする。
	伝えたいことが伝わるフリップボードを作るために，要約カードを交流して必要な言葉や文章を選んで決めよう。		
展開 5分	2．交流の仕方を確認する。	○交流の仕方のポイントを動画で確認しましょう。〈要約のポイント〉△一番伝えたいことをはっきりさせましょう。△不必要な情報は，削りましょう。△伝わりにくい言葉は，分かりやすく書き換えましょう。	・交流の動画を見ることで，話合いのポイントを理解できるようにする。
5分	3．自分の考えを確認する。	○交流したいことを確認しましょう。	・自分の考えをはっきりさせるための交流であることを伝える。
25分	4．友達と交流して，フリップボードに必要な言葉や文をはっきりさせる。	○自分の考えをはっきりさせるために，友達と交流しましょう。△自分が使う言葉や文をはっきりさせましょう。△自分が伝えたいことと使う資料が合っているか確認しましょう。△要約した文で友達に伝えてみて，分かりにくいところを見付けましょう。	・要約カードがうまく伝わらない場合は，本のどの部分を読んで書いたかを聞くようにする。・調べても知りたい情報が見付からない場合は，必ずしも見付かるわけではないことを伝え，分かる情報で要約できるようにする。

Chapter

5

		△難しい言葉は，辞書や事典で調べて，分かりやすい言葉に直しましょう。 △要約した文の中で，なくても伝わる言葉や文は，削りましょう。	・自分の考えに自信のある子供は，たくさんの資料を読み比べることで，よりよいフリップボードを目指すよう伝える。 思選んだ生き物の本を読み，興味をもったところを伝えるために必要な語や文を見付けたり要約したりしている。（Cウ）
ま と め 5 分	5．振り返りをして，次時の学習の見通しをもつ。	○自分のフリップボードに使う言葉ははっきりしましたか。 △次の時間のフリップボード作りに向けて，自分の考えをまとめましょう。	

④ 板書計画・教材・教具・ワークシート

①板書計画

　この時間は，図書室で学習を進めたため，側面に言語活動モデル・要約のポイント・交流モデルを掲示した。

要約のポイント

言語活動モデル

交流モデル

②教材・教具

　ここでは，必要と思われる情報を要約シートにまとめているので，交流を通して必要な情報とそうでないものを取捨選択し，より分かりやすい要約文にできるよう学習を進めた。交流の中で必要とした言葉には，アンダーラインを引き，「フリップボード」に使うようにした。

　本時では子供同士の交流を中心に学習が進む。より質の高い交流とするために，教師が交流のモデルとなる動画を大型テレビに映して見せることで，子供に交流のポイントを伝えた。

③ワークシート

　この単元では，まず，「ウナギのなぞを追って」の全文シートを使って自分の興味をもったことについて交流した。そして，自分の選んだ生き物については，一番伝えたいことを中心に書き，調べたことを周りに書いていった。そこから必要だと考えたものを要約カードに書き，それを基に交流できるように進めた。

【ワークシート】

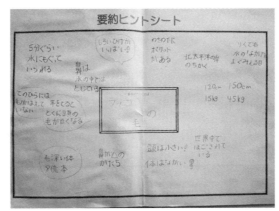

【要約カード】

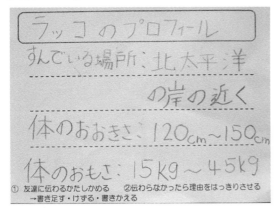

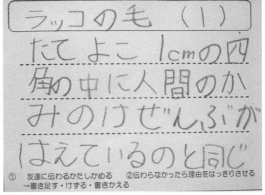

（石塚　憲司）

10

第4学年　読むこと・物語文

「初雪のふる日」（光村図書4年下）

1 単元名・実施時期

単 元 名：作品の「不思議」を探りながら読み，自分が考えたことを伝え合おう

実施時期：1月

2 授業構想と授業実施までの手立て

付けたい力の決定

授業の約5か月前から指導事項の検討を始めた。「C　読むこと」のエ（精査・解釈）に重点を置き，気持ちの変化を捉えられるよう人形型のツールを作成する言語活動を考えたが，カ（共有）に重きを置きたいと考え，読書会を行い読みの解釈を広げていくことをねらいとした。

教材選定・教材開発・教材研究

並行読書材を1か月前から集め始めた。子供が「初雪のふる日」と関連させた読みを広げられるように，ファンタジーの入り口・出口が明確なものや，きっかけ（不思議や謎）が明確な安房直子作品を選んだ。単元に入る前から読み聞かせを行った。全ての本に触れられるよう，朝読書や帯の時間に本を読む時間を確保できるようにした。

児童の実態を踏まえた指導

文章を主体的に読み進めるために，自分が文章を読んで感じたことや考えたことを交流する場面を設定し学習を進めてきた。「白いぼうし」では，場面のつながりを捉えたり，言動などから松井さんの人柄を読んだりした。同じシリーズの別の話を読むことで人柄が分かることにも興味をもち，人柄について自分の読みを広げる姿が見られた。「ごんぎつね」では，自分が疑問に思ったことを出し合い，登場人物の関わりを捉えたり，気持ちを想像して読んだりした。

当該単元の言語活動の設定と特徴

本単元の言語活動として読書会を位置付ける。これは場面の様子を表す言葉や表現に着目しながら読み，作品に対する考えを話し合うものである。「自分の解釈」の広がりを，個人の『ふしぎカード』と全体の『ふしぎシート』に書きためていく。事前研を基に，最終の感想がはじめと比べてどのように広がったのかをどうシートに残せばよいか検討した。自分の追求したい不思議とそれに対する考えを色分けして貼り，読書会ごとに上にあげていくことで，読みの広がりを実感できるようにした。

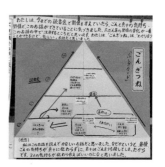

改良したモデルシート

3 学習指導案例

①単元名・教材名（略）

②単元のねらい

　この単元では，場面の様子を表す言葉を手掛かりに読むことで，作品の解釈が広がると考え，「読書会」を通じて解釈を広げるという言語活動を設定した。「読書会」とは複数の人が集まって本を読んだ感想を話し合うことで，個人での読書を他人と共有することで，本を深く読むことを図る活動である。一人で読んだときには得られなかった視点から，読みを深めたり，自分のものの見方や感じ方，考え方を振り返ったりすることにつながると考えられる。

　本教材「初雪のふる日」は第４学年の最後に学習する物語で，安房直子が描くファンタジー作品である。初雪のふる日に，主人公である女の子が不思議な出来事に巻き込まれていく様子が豊かな言葉で描かれており，ファンタジーの世界に移る入り口とそこから現実世界へ戻る出口が分かりやすい構成となっている。ファンタジー作品では，子供たちが疑問や不思議をもって作品を読み終えることが多い。それらを「読書会」を通して想像を広げられるようにしたいと考えた。

　第一次では，前単元「ごんぎつね」での読書会を想起し，疑問を解き明かすためには，他の本の言葉もヒントになることを確認する。その上で，今回は教科書教材「初雪のふる日」を読み，自分の読後感と不思議に思ったことを出し合う。そこから不思議を解き明かしていくという課題を設定し，興味をもち学習に取り組んでいけるようにする。

　第二次では，教科書教材「初雪のふる日」を読んで，「読書会」を通じて自分の不思議について交流していくことで，自分なりの物語に対する解釈を広げていけるようにする。また，「初雪のふる日」だけを読むのでなく，同じ作者の他のファンタジー作品を「初雪のふる日」で見付けた読み方を手掛かりにして読み，そこから考えたことをまとめていく。それを踏まえて，さらに「読書会」を通して自分の感じた不思議について交流していくことで，「初雪のふる日」の解釈をさらに広げていけるようにする。また読書会を通じて深まっていく様子を学級でも一つにまとめて，それぞれの感じたことや考えたことが分かるようにすることで，同じ本を読んでも一人一人の感じ方には違いがあることを確認できるようにする。

　第三次では，深まったり広がったりした自分だけの「初雪のふる日」の感想を自分なりにまとめる。自分では考え付かなかった解釈に気付き，自らの読みの理解を深める姿につなげていく。

③単元の目標

○読後感の基になる場面の様子を表す言葉や表現に着目しながら，物語を読むことができる。

（知・技(1)オ，(3)オ）

○場面の移り変わりに注意しながら，登場人物の気持ちの変化や情景を想像して読み，自分の

読後感の根拠を見付けるために，本の中から必要な語や文を見付けながら読むことができる。

(思Cエ，オ，カ)

○適切な言葉を選んで，読後感を伝えようとすることができる。 (学びに向かう力等)

④単元の評価規準

知識・技能	思考・判断・表現	主体的に学習に取り組む態度
・様子や行動，気持ちとその変化などを表す語句の量を増やし，考えたことを伝えることを通して，語彙を豊かにしている。((1)オ) ・同一作家の作品から好きな作品を選んだり，心に残る叙述を見付けたりすることを通して，作品世界に触れている。((3)オ)	・「読むこと」において，登場人物の気持ちの変化や性格，情景について，場面の移り変わりと結び付けて具体的に想像しながら読んでいる。(Cエ) ・「読むこと」において，文章を読んで理解したことに基づいて，感想や考えをもっている。(Cオ) ・「読むこと」において，文章を読んで感じたことや考えたことを共有し，一人一人の感じ方など違いがあることに気付いている。(Cカ)	・作品を読んで感じた感想を，進んで伝えようとしている。

⑤単元計画

次	時	学習活動	指導上の留意点（・）と評価（□：評価の観点）
第一次	①	・自分なりの「不思議」の解釈を広げるために，「初雪のふる日」を読んでいくための学習計画を立てる。 ・読後感と自分が疑問に思ったことを「ふしぎカード」にまとめる。 学習課題　読書会を通して作品の読みを広げよう。	・天気や色，大きさや数などに関係する言葉や繰り返しの表現などに注目して読むことで，ファンタジーの面白さが味わえるとともに，作品の読みが深まることを確認する。 主作品を読み深めていくための方法と，そのための学習計画を意欲的に考えようとしている。 (発言・振り返り)
第二次	②③④	初雪のふる日 ・「初雪のふる日」を読み，読後感と関連させながら，自分の話し合いたい「不思議」に対する自分なりの考えをもつ。 ・「初雪のふる日」について，明らかにしたい「不思議」に対する自分の解釈を読書会で交流し，自分の解釈を広げる。	知「不思議」をはっきりさせたり，自分では着目していなかったことに気付いたりできるようにする。 ((1)オ) 思言葉には性質による語句のまとまりがあることを理解し，語彙を豊かにしている。(Cエ)(ワークシート)

		・深まった自分の解釈をさらに読書会で交流し，「初雪のふる日」の「不思議」について，つながりやさらなる疑問を見付けたりして，解釈を広げる。	・表現に着目し，場面の移り変わりと結び付けて具体的に想像しながら読んでいる。（発言・ワークシート）
	⑤ ⑥ ⑦	並行読書材 ・他の安房直子のファンタジー作品を天気や色，大きさや数などに関係する言葉や繰り返しの表現などに注目して読むことで，「不思議」に結び付く叙述を見付け，自分の考えをもつ。 ・他の安房直子のファンタジー作品を読んで気付いた解釈を読書会で交流し，「初雪のふる日」の「不思議」と比べて，つながりを見付けたり，さらなる疑問を見付けたりして，「初雪のふる日」の解釈を広げる。　　　　　　　【本時】	知他の安房直子のファンタジー作品を読んだ解釈を，「初雪のふる日」の「不思議」に対する解釈とつなげて読書会で交流できるようにする。 （(3)オ） 思同一作家の作品から好きな作品を選び，心に残る叙述を見付けながら読んでいる。（Cエ） （発言・ワークシート） 思表現に着目し，場面の移り変わりと結び付けて具体的に想像しながら読んでいる。（Cカ） （発言・ワークシート） ・感じたことや考えたことを読書会で解決し，自分の解釈が広がったことをまとめている。 （発言・ワークシート）
第三次	⑧	・これまでの読書会を生かして「初雪のふる日」を読み返し，自分なりの捉え方で「初雪のふる日」の感想を書きまとめる。	思学習活動を振り返り，今後の読書活動に生かしていけるようにする。 （Cオ） ・文章を読んで理解したことに基づいて，考えをもち，「ふしぎカード」に感想をまとめている。（作品カード）

⑥本時の学習（第7時／全8時間）

・本時のねらい

　「初雪のふる日」を読んで見付けた「不思議」を，他の安房直子のファンタジー作品を読んで気付いた解釈を基に読書会で交流し，自分の解釈を広げることができる。　　　　（思Cカ）

・本時の展開

時間	学習活動	主な発問（○）と指示（△）	指導上の留意点（・）と評価（□：評価の観点）
導入 2分	1．本時の学習課題を確認する。	○自分の読みの理解を広げたり深めたりするために，今日はどのような学習を	・「初雪のふる日」の解釈を，並行読書と関係付けながら読みを深めていくことを確認できるようにする。

		しますか。 △「不思議」について意見を出し合い，『初雪のふる日』に対する思いを膨らませましょう。	

	読書会をして「初雪のふる日」の読みを広げよう。		
展開 25分	2．読書会を行い，「不思議」について話し合う。	○読書会で話し合い，「不思議」を自分なりに解き明かしましょう。 △読書会の流れを確認しましょう。 ①「不思議」に対する自分の考えを文中の言葉（叙述）を基に説明する。 ②考えたことをつなげて話し合う。 △読書会を始めましょう。	・読書会の際には，並行読書から見付けた言葉を，自分の考えの根拠として入れることを伝える。 ・同じ「不思議」をもったグループで読書会を進める。 ・「不思議」に対する自分の考えを深めたり広げたりするための交流であるため，全員が同じ考えにならなくてもよいことを確かめておく。 ・考えを深めたり広げたりすることができるように，読書会の流れと話合いの視点を側面に掲示しておく。
10分	3．各グループの読書会を通して広がった考えを交流する。	○グループの読書会で，特に面白いと思ったことやすごいと思った発見はありましたか。	・たくさんの考えを聞くことで，さらに自分の読みが深まったり，解釈が広がったりするようにする。
5分	4．自分の考えをまとめる。	○自分の不思議が解決したり，「初雪のふる日」の自分の読み方が広がったりしましたか。 △読書会や交流して考えたことを，まとめましょう。	・次時にまとめられるように，「ふしぎカード」と全文シートに自分の考えをメモし，整理できるようにする。 思 文章を読んで感じたことや考えたことを読書交流会で解決し，自分の解釈について広がったことをまとめている。 （Cカ）
まとめ 3分	5．本時の学習を振り返る。	△本時の学習の振り返りを書きましょう。	・読書会を通して，作品の解釈が広がったかを確認し，同じ作者の他の作品を読む意欲につなげられるようにする。

4 板書計画・教材・教具・ワークシート

①板書計画

　この時間は，グループで話し合ったことを基に見付けた発見を発表し合い，全文シートに整理していく。みんなで出し合った意見が自分の考えを書きまとめるときの手掛かりとなるようにした。

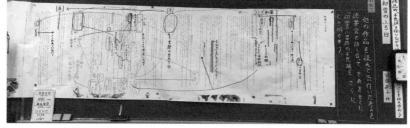

全文シートを貼った本時の板書

②教材・教具

　この時間は，不思議ごとにグループを作り，読書会を行う。「ふしぎシート」を基に追求したい不思議の中心を決め，読みを深めたり広げたりできるように話合いを行っていく。

安房直子作品のブックコーナー　　　　読書会の様子（左：「初雪のふる日」全文シート，右：他の作品）

③ワークシート

　毎時間読書会で話し合ったことは，その都度自分の全文シートやワークシートに書き込むようにした。それを基に「ふしぎカード」に考えをまとめていくことで，読みの深まりを意識できるようにした。

個人の「ふしぎカード」に記入する様子　　　話し合いから得た考えをメモする様子

（清水　一希）

11

第5学年　読むこと・説明文

「見立てる」（光村図書5年）ほか

1 単元名・関連資料・実施時期

　　単 元 名：説明文のひみつを見付けて，分かりやすい解説文を書こう

　　関連資料：京都の文化についての資料，ジュニア京都検定の本

　　実施時期：5月

2 授業構想と授業実施までの手立て

付けたい力の決定

　約1か月前の指導事項検討の当初，「Ｃ　読むこと」のア（構造と内容の把握）かカ（共有）の
いずれに重点を置くかで迷ったが，高学年の最初の説明文であること，要旨について押さえて
おくことで，今後の学習に生かせることを踏まえ，ア（構造と内容の把握）に重点を置くこと
にした。事前研での意見を踏まえて，教科書教材のような文章が多くをしめるものだけでなく，
資料集やリーフレットなど，様々な形の説明文から，要旨を把握できるようにしようと考えた。

教材選定・教材開発・教材研究

　授業の約1か月前から並行読書資料について考え始めた。本単元は総合的な学習の時間と連
携させているため，京都の文化についての資料にした。資料については，教科書教材と同程度
の文章量のもの，リーフレット，資料集，図鑑のような写真の多い資料など，様々なタイプを
用意した。さらに，一冊の本として捉えた場合と，その中の一記事を捉えた場合の要旨につい
て，子供の必要に応じて両方を考えられるようにした。また，子供が調べたいものを使ってい
くため，学校図書館での授業を設定し，選書をした。

児童の実態を踏まえた指導

　前年度から叙述をつなげることに取り組んでいるため，教科書教材は全文シートにして配付
した。交流については，見通しをもつことが苦手な子供も多いため，自分が要旨についてどん
な交流をしたいのかを明確にしてから交流をした。並行読書資料の形式や困りに合わせてグル
ーピングをし，協働的に学び合いながら，要旨を捉える方法を見付けられるようにした。

当該単元の言語活動の設定と特徴

　2週間前から始めた総合的な学習と連携し，長期宿泊学習で他府県の子供に京都の文化につ
いて伝えるという目的をもつことで，並行読書資料についての興味・関心を高め，子供が並行
読書資料を選ぶ際のきっかけをつくることができるようにした。導入で実際に解説文を書き，
要旨をはっきりさせることや，情報をさらに集めることの必要性を感じることができた。

3 学習指導案例

①単元名・教材名（略）

②単元のねらい

この単元では，他校に向けて行う学校紹介の中で，京都の文化について解説文を使って紹介するために，必要な資料を探す。ここでは，様々な形式の文章を対象に，要旨を素早く的確に捉え，必要な資料を選別できるようになることをねらいとする。このことが文章を読み深め，事実と感想，意見などの関係を捉えて，要旨を捉えることや語句と語句の関係を捉えることにつながると考える。さらに，課題解決のためのテーマが近いもの同士でより効果的な表現の工夫を話し合い，考えを広げたり深めたりできると考える。

③単元の目標

○要旨の捉え方を考えるために，語句と語句の関係に気を付けて読むことができる。

（知・技(1)オ）

○要旨の捉え方を使って資料を選ぶために，内容や事実と感想，意見を押さえ，考えを広げることができる。 （思Cア，カ）

○自分の考えを伝える解説文を書くのに必要な資料を探すために，要旨の捉え方を見付けようとしている。 （学びに向かう力等）

④単元の評価規準

知識・技能	思考・判断・表現	主体的に学習に取り組む態度
・要旨の捉え方を考えるために，語句と語句の関係に気を付けて読んでいる。 （(1)オ）	・「読むこと」において，必要な資料かどうかを判断するという目的のために，文章の内容を的確に押さえて要旨を捉えたり，事実と感想，意見などとの関係を押さえ，自分の考えを明確にしながら読んだりしている。 （Cア） ・「読むこと」において，解説文を書くための資料を選ぶために，交流を通して自分の考えをまとめたり広げたりしている。（Cカ）	・自分の考えを伝える解説文を書くのに必要な資料を探すために，要旨の捉え方を見付けようとしている。

⑤単元計画

次	時	学習活動	指導上の留意点(・)と評価(□:評価の観点)
第一次	①	・京都の伝統の解説文を一度書いてみて,その困りについて話し合う。 ・説明文に要旨を伝えるための工夫があることを確かめ,京都の伝統の解説文を書くための学習計画を立てる。	・事前に総合的な学習の時間で,学校図書館の本やジュニア京都検定の本を使いながら,京都の魅力について調べておく。 主解説文のための資料を探すために,要旨の見付け方を探そうとしている。
		説明文のひみつを見付けて,分かりやすい解説文を書こう。	
第二次	②	・「見立てる」を読み,どこを読んだら要旨がつかめるかを考え,要旨とつながるところを見付け,交流する。 ・「見立てる」の要旨について,自分の考えをまとめ,筆者の要旨を見付けながら自分が選んだ並行読書資料やジュニア京都検定の本を読む。	・説明文の読み方として,大体を捉える→どこを読むか考える→文末に注目するという流れがあることに触れる。 ・初めと終わりに注目することで要旨をつかめるというしくみに触れる。 思構成や言葉に着目しながら,要旨を捉え,自分の考えを明確にしながら読んでいる。 (Cア)
	③	・「見立てる」を読み,要旨の見付け方を考える。 ・自分がどんなことを伝えたいのかについて交流し,これからどんなことを交流したいのかを確認する。 ・「見立てる」の要旨の見付け方についての自分の考えをまとめ,要旨の見付け方を考えながら自分が選んだ並行読書資料やジュニア京都検定の本を読む。	・全文シートに自分の考えの根拠や理由を書き込み,自分の読みを伝える際には,全文シートを活用し,根拠を明確にして伝えるようにする。 ・自分が使いたい手掛かりを書きためていく。 知要旨を説明するための,語句と語句の関係に気を付けて読んでいる。((1)オ)
	④	・ジュニア京都検定のページから,要旨を見付け,要旨の見付け方について交流する。 ・ジュニア京都検定のページの要旨の手掛かりについての自分の考えをまとめ,要旨の見付け方を考えながら並行読書資料を読む。	・全文シートに自分の考えの根拠や理由を書き込み,自分の読みを伝える際には,全文シートを活用し,根拠を明確にして伝えるようにする。 ・自分が使いたい手掛かりを書きためていく。 思事実と感想,意見などとの関係を押さえ,自分の考えを明確にしながら読んでいる。 (Cア)
	⑤	・「生き物は円柱形(平成27年度版)」や並行読書資料を読み,どこを読んだら要旨がつかめるかを考え,要旨とつながるところや手掛かりについて交流する。 ・「生き物は円柱形」や並行読書資料の要旨について,自分の考えをまとめる。【本時】	・「見立てる」との共通点や相違点に着目し,具体例や良いことで要旨が強調されていることに気付けるようにする。 ・交流の際には,並行読書資料をそばに置き,自分が選んだ作品ともつなげて考えてもよいことを助言する。 思要旨を捉えたり,事実と感想,意見などの関係を押さえたりしている。(Cア)
第三次	⑥⑦	・自分に必要な本を,要旨を基にして見付けていく。 ・要旨についての考えや伝えるための工夫を見直したりして,解説文を書く。	・長期宿泊で京都の伝統を知ってもらうという目的を想起し,よりよい内容を書くという意欲を高める。 思様々な本から解説文を書くための要旨を捉え,考えを広げている。(Cカ)
	⑧	・友達の解説文を読んで,自分が使えそうな工夫を見付けたり,もっとよくなる工夫でアドバイスをしたりする。 ・単元を通して新たに気付いたことや説明文の要旨の読み方をまとめ,単元の学習を振り返る。	・長期宿泊での発表に向け,さらによくしようという意識をもてるようにする。 思友達の解説文の内容を的確に押さえて,要旨を捉えたり,事実と感想,意見などの関係を押さえたりしながら,アドバイスをしている。(Cア)

⑥本時の学習（第5時／全8時間）

・本時のねらい

　解説文を書くための資料を見付けるという目的のために，文章の内容を的確に押さえて要旨を捉えたり，事実と感想，意見などとの関係を押さえ，自分の考えを明確にしながら読んだりしている。（思Cア）

・本時の展開

時間	学習活動	主な発問（○）と指示（△）	指導上の留意点（・）と評価（□：評価の観点）
導入 5分	1．前時の学習を振り返り，本時のめあてと学習の流れを確認する。	○「見立てる」やものづくりの資料では，要旨をどうやって見付けましたか。 ○今までは短い文章や小見出しの付いたものをやってきたけど，「生き物は円柱形」は長い文章だし，パンフレットや図鑑だとまた違う作戦になるよね。今日はそんなのにチャレンジしよう。要旨の見付け方について交流し，自分の資料探しに使える作戦を増やしていきましょう。	・今までの文章の振り返りをすることで，本時のめあてを確認する。 ・今までの子供の考えを取り上げて紹介し，要旨になる文とその他の文をつなげることで，解決のきっかけとなっていたことに気付けるようにする。
	解説文を書くために，必要な情報を見付けることに向けて，要旨を捉えるための手掛かりを増やそう。		
展開 10分	2．「生き物は円柱形」についての自分の考えをもつ。	○まずは，自分の全文シートを読み返し，筆者の要旨を見付けましょう。見付けられたら見付け方を全文掲示に貼り，みんながどんな考えをしているか，どんなことを交流したいかをはっきりさせましょう。	・全文掲示をすることで，誰がどんな考えをもっているのかを視覚的に分かりやすくし，交流相手を選ぶことができるようにする。
15分	3．ペアで自分の考えを交流する。	△クラスでたくさんの作戦を見付けるために，友達と交流をしましょう。	・自分の考えをはっきりさせるための交流であることを伝え，目的に合った交流ができるように

			する。
			・交流する相手が見付けられない子供には，事前に考えを把握し，交流する相手を助言することで，交流する相手を見付けることができるようにする。
			・要旨をうまく表現できない子供には，中心になる言葉を問いかけることで，要旨の言葉を捉えられるようにする。
			・全体交流をし，学級全体で手掛かりを共有できるようにする。
10分	4．自分の選んだ本や並行読書資料で，使いたい工夫を伝え合う。	○並行読書資料からも，要旨の見付け方を探して伝え合いましょう。	・並行読書資料の形式やワークシートの記述からグルーピングをすることで，目的に合った交流をしやすくする。
			・自分の読みの変容や解決できていないことを中心に交流するようにする。
			思自分の考えを交流することで，要旨の見付け方を明確にしている。（Cア）
まとめ 5分	5．本時の振り返りをする。	○今日の学習を振り返りましょう。△次の時間は，これまでの学習を生かして解説文を書いてみましょう。	・これまでの考えと比べながら，本時の考えをまとめるようにする。

4 板書計画・教材・教具・ワークシート

①板書計画

　本時は，要旨の見付け方について交流するため，全文掲示に書き込みながら要旨や構成について確かめる。資料グループは子供の並行読書資料や困りからグルーピングをする。

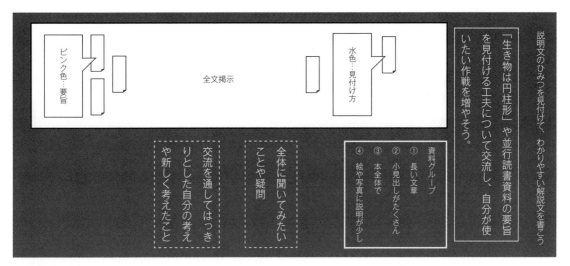

全文掲示

ピンク色…要旨

水色…見付け方

説明文のひみつを見付けて、わかりやすい解説文を書こう

「生き物は円柱形」や並行読書資料の要旨を見付ける工夫について交流し、自分が使いたい作戦を増やそう。

資料グループ
① 長い文章
② 小見出しがたくさん
③ 本全体で
④ 絵や写真に説明が少し

全体に聞いてみたいことや疑問

交流を通してはっきりとした自分の考えや新しく考えたこと

②教材・教具

　本時は，「生き物は円柱形」の全文シートを活用し，叙述をつなぎながら交流できるようにする。また，壁面には今まで学級で見付けた要旨を見付けるための作戦をためていく。

【壁面掲示】

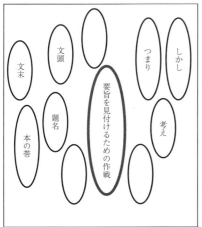

【全文シート】

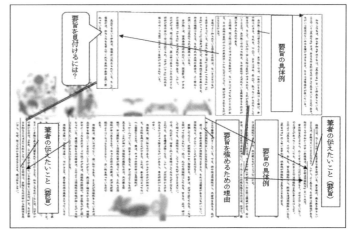

③ワークシート

　ここでは，学習を通して明確になった要旨の見付け方，見付けるための手掛かりについてまとめ，その視点を書きためていく。このページを見れば，並行読書で他の本を見ても今までの手掛かりや視点を確認できるようにしている。

（栗山　裕康）　　　　要旨を見付けるための作戦

12

第5学年　読むこと・物語文

「大造じいさんとガン」（光村図書5年）

1　単元名・実施時期

単 元 名：すいせんします

実施時期：2月

2　授業構想と授業実施までの手立て

付けたい力の決定

　2月に研究授業を行うことが決まり9月中旬頃から指導事項の検討を始めた。「大造じいさんとガン」の単元で子供たちの力を大きく伸ばしたいと考え，単元の順序を交換して学習を進めることとした。

　本単元での付けたい力は，「C　読むこと」の「ア　事実と感想，意見などとの関係を叙述を基に押さえ，文章全体の構成を捉えて要旨を把握すること。」及び「エ　人物像や物語などの全体像を具体的に想像したり，表現の効果を考えたりすること。」に選定し，単元の中核となる言語活動として「お気に入りの作品を見付け，おすすめレターを作成すること」を位置付け学習指導案を作成した。

教材選定・教材開発・教材研究

　授業の約3か月前から，学校図書館司書にも協力してもらい，並行読書材となる椋鳩十作品をできるだけ多く集めた。その後，有志の教師で実際に並行読書を行い，子供たちにも使用するマトリックス表を用いて作品の見どころを交流した。この交流を通して，授業者自身，マトリックス表があることによって新たな読書への興味が湧くことを実感した。並行読書材に多くの作品を選定したため，単元導入の2か月前から並行読書をスタートさせ，子供たちが多くの作品に目を通せるようにした。

児童の実態を踏まえた指導

　子供たちにとって全文掲示や全文シートを用いての学習は初めての取組だったため，本単元に入るまでに，説明文や物語文の教材で全文を用いた授業を行い，全文掲示や全文シートに慣れるための学習を行った。

　また，本単元の最後には，作成したおすすめレターを用いて推薦活動を行うため，「推薦と紹介の違い」についても特設の単元で指導をした。ほかにも，話合いの進め方や，目的意識をもって話し合うことを各教科等の学習で合わせて指導をした。

当該単元の言語活動の設定と特徴

　本単元では作品を推薦する言語活動を位置付けた。有志の教師と共に，授業の３か月前からリーフレット型ツールを試作し始めた。初めは，「大造じいさんとガン」を使っておすすめレターを作った。その後，水戸部教授に見てもらい，並行読書材で作ることを勧められ，もう一つ作成した。最初の試作品はイチおし場面と魅力のポイント１（イチおしの理由）・２（書きぶり）としていたが，並行読書体験を生かせるよう，新たに，「他作品との比較」の観点を加え，魅力１・２・３として，より，説得力をもって推薦を行えるようにした。（画像参照）

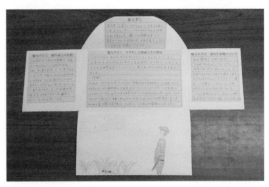

3 **学習指導案例**

①**単元名・教材名（略）**

②**単元のねらい**

　この単元では優れた表現によって，直接書かれていない人物の深い心情や性格について想像するとともに，物語の魅力について推薦できるようにすることがねらいである。

③**単元の目標**

◎同一作家の作品を多読し，比較することを通じて，多面的に魅力を捉え，読書が自分の考えを広げるのに役立つことに気付くことができる。

（知・技(3)オ）

◎作品の魅力を友達と共有することで，違いを明らかにし，互いの考えを認め合おうとすることができる。また，推薦し合うことで自分の考えを広げようとすることができる。

（学びに向かう力等）

○比喩や反復などの表現の工夫に気付くことができる。

（知・技(1)ク）

○心に響いた叙述とその理由を明らかにするために，人物像や物語の全体像を具体的に想像したり，表現の効果を考えたりして作品を推薦し合うことができる。

（思Cエ，カ）

④単元の評価規準

知識・技能	思考・判断・表現	主体的に学習に取り組む態度
・作品を多読し，様々な魅力を味わいながら読むことで，読書が自分の考えを広げることに役立つことに気付いている。((3)オ) ・比喩や反復，擬声語，擬態語，省略，倒置などの表現の工夫に気付きながら，椋鳩十作品を読んでいる。((1)ク)	・「読むこと」において，心に響いた叙述とその理由を明らかにするために，人物像や物語の全体像を具体的に想像したり，表現の効果を考えたりしている。(C エ) ・「読むこと」において，作品を推薦し合い，同一作家の他作品との比較によってより多面的に魅力を捉えている。(C カ)	・作品の魅力を推薦するために，本を繰り返し読んだり他の作品と比較したりして，新たな面白さに気付きながら読もうとしている。

⑤単元計画

次	時	学習活動	指導上の留意点（・）と評価（□：評価の観点）
第一次	①	・教師が作品を推薦することを通して，活動の見通しをもち，初発の感想を書く。	・単元の導入前から椋鳩十作品に触れられるようにしておく。 主物語の内容や表現について関心をもち，学習の見通しをもとうとしている。
	②	・推薦の意味や作品の魅力を見付けるための視点を捉える。	
第二次	③	・「大造じいさんとガン」／並行読書材 100字程度にあらすじをまとめ，イチおし場面を見付ける。	思登場人物の相互関係や心情，場面の描写について読み解いたことや表現の工夫を根拠にして，「大造じいさんとガン」のイチおし場面をまとめている。(C エ)
	④	・「大造じいさんとガン」 イチおし場面とその理由を考える。 ・交流しながら理由を深めたり，広げたりする。　　　【本時】	
	⑤	・「大造じいさんとガン」 交流したことを基に全体で交流し，学習シートにまとめる。	知比喩や反復，擬声語・擬態語，省略，倒置などの表現を基にイチおし場面を選んでいる。((1)ク)
	⑥ ⑦	・並行読書材のイチおし場面とその理由を考える。	主他作品の様々な魅力を味わい比較することで，自分の考えを共有し広げようとしている。

		・交流しながら理由を深めたり，広げたりする。	
	⑧	・並行読書材 イチおしの場面や理由を基におすすめレターを作成する。	知比喩や反復，擬声語・擬態語，省略，倒置などの表現に気付き，レターを作成している。 ((1)ク)
第三次	⑨	・おすすめレターを基に，椋鳩十作品の魅力を推薦し合う。 ・おすすめレターを読み合い，付箋に感想を書いて貼る。	思作品を推薦し合い，他作品との比較によって，より多面的に魅力を捉えている。（Cカ） 知作品を多読し，様々な魅力を味わいながら読むことで，読書が自分の考えを広げることに役立つことに気付いている。((3)オ)

⑥本時の学習（第4時／全9時間）

・本時のねらい

　登場人物の相互関係や心情，場面の描写など，読み解いた表現の工夫を基に，「大造じいさんとガン」の推薦理由をまとめる。（思Cエ）

・本時の展開

時間	学習活動	主な発問（○）と指示（△）	指導上の留意点（・）と評価（□：評価の観点）
導入 6分	1．本時のめあてを確認する。	○これまで，何をするために学習をしてきましたか。 △学習計画を見て，今日のめあてを確認しましょう。	・学習計画表やおすすめレターを提示し，本時の学習を理解させる。
	学習課題　イチおしの理由をはっきりさせるために，交流しよう		
	2．おすすめレターを提示し，推薦理由（魅力の視点）について確認する。	○推薦理由にするための魅力の視点にはどのようなものがありましたか。	
展開 37分	3．自由交流 ・推薦の観点を広げたり，推薦理由が伝わるかを確かめたりするために交流する。 4．グループ交流 ・自由交流を踏まえ，各自の推薦理由をよりは	△全文掲示を参考に，自分と同じところにシールを貼った人や，シールを見てこの人と交流したいという人を見付け，交流してさらに広げましょう。 △イチおしの理由（魅力その1）を中心に交流しましょ	・自分の考えを発表し合う。 （自由交流） ・全文シートの該当箇所を指でさして，どの叙述を選んでいるか相手に示すようにさせる。 ・広がったこと，深まったことをメモさせる。

	っきりさせるためにグループで検証し合う。 5．交流した内容を学習シートにまとめる。	う。関連して魅力その２,その３について交流しても構いません。 △交流して見付けた理由を学習シートにまとめましょう。	思登場人物の相互関係や心情,場面の描写について読み解いたことや表現の工夫を根拠にして,「大造じいさんとガン」のイチおし場面とその理由をまとめている。 （Cエ）
まとめ 2分	6．学習の振り返りをする。	△今日の学習を振り返りましょう。 △友達のイチおしの場面や,推薦理由から気が付いたことや,考えたことを書きましょう。	・交流を通して作品の推薦理由が明らかになったことを確認し,次時の学習の意欲につながるようにする。

4 板書計画・教材・教具・ワークシート

①板書計画

　この時間は，前時までに行った読み取りを基に，イチおしの理由をまとめていくものになる。授業で使った全文掲示を基に，話合いの手立てや目的をはっきりさせておく必要がある。

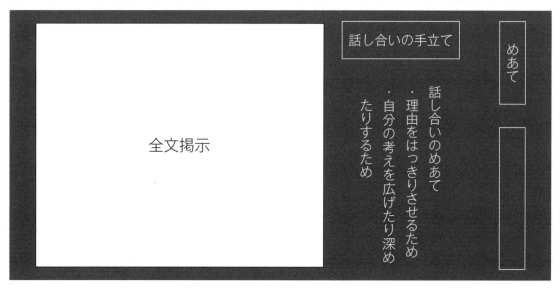

②教材・教具

　この授業で特に大切になってくる話合いの手立てである。学級の子供たちは，話合いのトレーニングを多く積んできてはいないため，各授業で同じものを提示し意識の定着を図った。

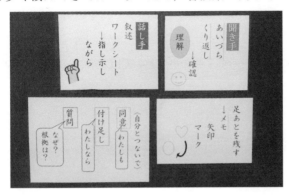

③ワークシート

　本単元では，学習の見通しがもてるように，全ての学習計画と全文シート，ワークシートが一つになった学習シートを用いて授業を行った。

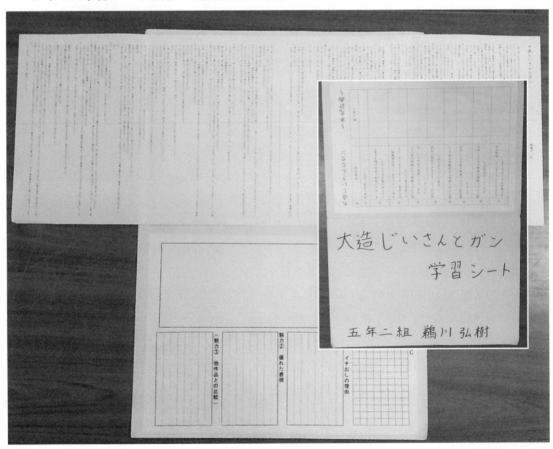

（鵜川　弘樹）

13

第6学年　読むこと・説明文

「森へ」（光村図書6年）

1 単元名・実施時期

単 元 名：言葉と写真をつないで考えよう〜「おすすめボード」で伝えよう　星野道夫の思い〜

実施時期：6月

2 授業構想と授業実施までの手立て

付けたい力の決定

　授業の約1か月半前に単元プランシートを作成し，検討を始めた。子供の実態から課題点を見付け，付けたい力を明確にし，指導事項を決定した。

教材選定・教材開発・教材研究

　指導事項決定後，言語活動を設定し，教材選定や教材分析をした。並行読書材は，「森へ」と関連付けて読みやすい図書を学校司書に相談し選書した。単元に入る2週間前から約60冊の図書を提示した。『ナヌークの贈り物』，『クマよ』，「アラスカとの出会い」（光村図書・中3）は必読とし，全員が星野道夫作品を複数読むことで，共通の情報を共有できるようにした。

児童の実態を踏まえた指導

　子供が単元全体を見通し，身に付けたい言語能力を具体的にイメージすることができるよう単元の導入を工夫した。単元の導入では，星野道夫作品の読後感を基に，単元の課題や単元のゴールを設定した。また，課題を解決するためには，複数の星野道夫作品を関連付けて読む能力や，課題についての考えを友達と話し合うことを通して明確にしまとめる力が必要であることを，子供の発言から引き出した。また，「やまなし」の学習で経験した作者の考え方や生き方を知ることで作品をより深く味わうことができることや，既習の物語文で取り組んだ「おすすめボード」の内容を活用できることにも気付かせながら，学習計画を立てた。

当該単元の言語活動の設定と特徴

　ねらいを達成するために，「星野道夫の思いをおすすめボードで伝える」ことを位置付けた。「おすすめボード」は，身に付けた力が表れることや読者の「読んでみたい」という気持ちを喚起させることを目的とすることを踏まえ，右記のように構成した。（①〜④の順にまとめていく。）

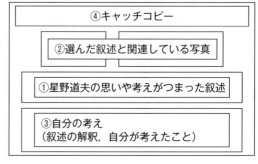

おすすめボード

③ 学習指導案例

①単元名・教材名

言葉と写真をつないで考えよう　～「おすすめボード」で伝えよう　星野道夫の思い～

「森へ」（光村図書６年）

②単元のねらい

この単元では，複数の星野道夫作品を関連付けて読むことを通して星野道夫の思いや考えについての理解を深め，自分の考えをまとめることをねらいとしている。

③単元の目標

○同一作者の複数の本や文章，写真などを関連付けて読むことで，読書が自分の考えを広げることに役立つことに気付くとともに，語感や言葉の使い方に対する感覚を意識して，語や語句を使うことができる。

(知・技(3)オ，(1)オ)

○文章に表れた作者の考えをより深く理解するために，同一作者の複数の本や文章を関連付けて読み，自分の考えを明確にする。

(思Ｃオ)

○作者に興味を抱いて複数の作品を比較して読もうとしたり，作品中の叙述や写真について友達と話し合って考えを広げようとしたりする。

(学びに向かう力等)

④単元の評価規準

知識・技能	思考・判断・表現	主体的に学習に取り組む態度
・星野道夫の思いや考えを理解するために，星野道夫の複数の本や文章，写真などを関連付けて読み，読書を通して広がった自分の考えを生かして「おすすめボード」をまとめている。((3)オ) ・星野道夫の思いや考えを象徴するような言葉を見付けて読むことで考えを表す語彙を豊かにするとともに，語感を意識して，「おすすめボード」に用いる語や語句を選んでいる。((1)オ)	・「読むこと」において，文章に表れた星野道夫の考えをより深く理解するために，複数の叙述や写真を比較したり関連付けたりしながら星野道夫作品を複数読み，星野道夫の生き方や考え方についての理解が，どのように深まったか「おすすめボード」に表している。(Ｃオ)	・星野道夫に興味を抱いて複数の作品を関連付けて読もうとしたり，作品中の心に残る叙述や写真について友達と話し合って考えを広げようとしたりしている。

⑤単元計画

次	時	学習活動	指導上の留意点（・）と評価（□：評価の観点）
第一次	①	・星野道夫作品を読んだ感想を交流する。	・推薦をしたときの学習を想起して考えるよう助言する。
	②	**めあて　これまでの学習を生かして，学習計画をたてよう。** ・単元の課題やゴールを設定し，学習計画を立てる。	主既習内容を活用して，目的に応じた学習計画を立てようとし，これからの学習に意欲をもっている。
第二次	③④	**めあて　「森へ」を読んで，疑問に思うことをあげよう。** ・「森へ」を読み，叙述についての疑問を挙げる。 ・全体で疑問を出し合い，話し合いたい疑問を決める。	・課題解決に結び付くような疑問を探す視点を提示する。 知言葉の曖昧さを捉えたり，その言葉が何を表しているかを考えながら読んでいる。((3)オ)
	⑤	**めあて　星野さんの思いや考えを捉えるために，疑問についての自分の考えをもとう。** ・「森へ」を読み，疑問を解決する根拠となる叙述や関連する叙述や写真を見付け，考えを書き込む。 ・他の作品を読み，関連する叙述や写真を見付ける。	・作品の全体を俯瞰して読むことができるよう全文シートを活用する。 思星野道夫作品を複数読み重ね，複数の叙述や写真を比較したり関連付けたりしながら，疑問に対する考えをもっている。(C オ)
	⑥	**めあて　「森へ」の疑問を話し合うことを通して，星野さんの思いや考えについて，考えを広げたり深めたりしよう。** ・同じ疑問を選んだ子供同士のグループで話し合う。 ・グループの話合いで解決できなかった疑問やもっと話し合いたい疑問について，全体で話し合う。 ・星野道夫の考えや思いについて考えを整理する。　【本時】	・疑問についての自分の考えを明確にしたり，根拠を広げたり深めたりすることができるよう，同じ疑問を選んだ3，4人グループで行うこととする。 思「森へ」の疑問について，複数の叙述や写真を関連付けながら話し合い，星野道夫の考えや思いについて自分の考えを広げたり深めたりしている。(C オ)
	⑦	**めあて　星野さんの作品の中から，自分が捉えた星野さんの思いや考えにつながる写真や叙述を選ぼう。** ・「森へ」や他の星野道夫作品を読み比べ，星野道夫の考えや思いを象徴するような叙述や写真の候補を選ぶ。	・叙述や写真の候補を選べない子供には，星野道夫の思いや考えを確認し，一緒に探していく。 思星野道夫の作品を読み比べ，星野道夫の考えや思いを象徴するような叙述や写真の候補を選んでいる。(C オ)
	⑧	**めあて　自分が捉えた星野さんの思いや考えを伝えるためにぴったりな写真や叙述を決めよう。** ・候補の叙述と写真について検討し，決める。	思星野道夫作品の叙述や写真について，友達の考えとの共通点や相違点を見付けながら，自分の考えを広げている。(C オ) 知考えを表す語彙を豊かにし，「おすすめボード」に用いる語句を選んでいる。((1)オ)
	⑨⑩	**めあて　星野さんの思いを「おすすめボード」にまとめよう。** ・選んだ叙述や写真についての解釈や自分の考え，キャッチコピーをまとめる。	知読書を通して広がった自分の考えを生かして「おすすめボード」をまとめている。((3)オ) 思星野道夫の思いや考えについての理解がどのように深まったか「おすすめボード」に表している。(C オ)
第三次	⑪	**めあて　「おすすめボード」を読み合い，単元を振り返ろう。** ・「おすすめボート」を読み合い，感じたことを交流する。 ・学習を通して身に付いた力について話し合い，まとめる。	主身に付いた力や，星野道夫の思いや考えについての理解の深まりや自分の考えについて，単元を振り返ってまとめようとしている。

⑥本時の学習（第6時／全11時間）

・本時のねらい

　星野道夫作品の叙述や写真について話し合うことを通して，星野道夫の思いや考えについての自分の考えを広げることができる。（思Cオ）

・本時の展開

時間	学習活動	主な発問（○）と指示（△）	指導上の留意点（・）と評価（□：評価の観点）
導入 3分	1．本時のめあてとゴールを確認する。 めあて 「森へ」の疑問を話し合うことを通して，星野さんの思いや考えについて，考えを広げたり深めたりしよう。	△前時の振り返りをいくつか紹介します。振り返りにもあるように，今日は「森へ」の疑問を話し合うことを通して，星野さんの思いや考えについて考えを広げたり深めたりしましょう。 ○「考えを広げる，深める」とはどういうことでしょう。どのような姿のことを表しているのでしょう。	・見通しをもって主体的に学習が進められるよう，前時の学習の振り返りを紹介し，本時のめあてと「考えを広げる，深める」とはどういう姿なのかを確認する。本時における「考えを広げる，深める」とは，疑問について複数の叙述や写真を関連付けながら話し合うことを通して，星野さんの考えや思いについての自分の考えを確かにすることとする。
2分	2．疑問に対する自分の考えを確認する。	△疑問に対する自分の考えを，前時に書いたメモを見ながら確認しましょう。	・グループの話合いで自分の考えを話すことができるよう，前時までに書き込んだメモを確認させる。
展開 15分	3．疑問についてグループで話し合う。 【話し合う疑問】 各グループ，以下より2つ選択 ・「ぼくは地面に体をふせ，クマのふんにぐっと顔を近づけ」たのはなぜか。 ・「サケが森を作る」とはどういう意味か？ ・なぜ「森のこわさが消えた」と感じたのか。 ・「こけむした倒木にすわ	△疑問に対する考えの根拠を示すときは，机の上にある全文シートや星野道夫さんの本を活用するとよいですね。そして，常に叙述や写真を読み返したり引用したりしながら話合いを進めましょう。 △話合い中のメモは青ペンで，最後に整理した考えを赤ペンで表します。そして，自分の	・自分の考えを明確にしたり，根拠を広げたり深めたりすることができるよう，同じ疑問を選んだ3，4人グループで行うこととする。 ・事前に子供の考えを把握しておき，話合いが停滞することが予想されるグループには，話合いを整理したり焦点化したりするなどの支

Chapter 5

	り，そっと幹をなでた」のはなぜか。 ・「森はさまざまな物語を聞かせてくれるようでした」どんな物語か。 ・「ぼくの目には見えないけれど，森はゆっくりとうごいているのでした」とはどういう意味か？ ・なぜ，たくさんの比喩や擬人表現を用いているのか。	考えの変容が分かるようにしましょう。	援を行い，意図的に教師が関わる。 思「森へ」の疑問について，複数の叙述や写真を関連付けながら話し合い，星野道夫の考えや思いについて自分の考えを広げている。 （Cオ）
18分	4．解決できなかったことや，もっと友達の考えを聞いてみたいことについて全体で話し合う。	○疑問は解決できましたか。解決できなかった，またはもっと友達の考えを聞いてみたいグループはありませんでしたか。 △では，□□グループさんお願いします。 ○みなさんはどう考えますか。	・解決できなかったことや，もっと友達の考えを聞いてみたいことがあるグループを指名し，全体で話し合うことで，友達の考えを自分の読みに生かしたり，再考したりできるようにする。
4分	5．話し合ったことを基に，星野道夫の考えや思いについて自分の考えを整理する。	△話合いを通して明確になった星野道夫さんの思いや考えを整理しましょう。叙述や写真を線で結んだり，キーワードや文章で表したりと，自分の考えを表しやすい方法で整理しましょう。	・話合いの際にとったメモや板書などを基に自分の考えを再構築させ，関連付けた叙述や写真を線で結んだり，キーワードや文章で表したりと，自分の考えを表しやすい方法で整理するよう指示する。
まとめ 3分	6．学習の振り返りをする。	○疑問について考えを深めたり，星野道夫さんの思いや考えを自分なりに捉えたりすることができましたか。それはどんな学習をしたり，どんな友達の考えを聞いたりしたからですか。	・友達の考えを関連付けて話し合うことのよさを実感することができるよう，振り返りのポイントを指示する。

4 板書計画・教材・教具・ワークシート

①板書計画

　本時ではグループの話合い後，解決できなかったことや，もっと友達の考えを聞いてみたいことがあるグループを指名し，全体で話し合った。友達の考えを自分の読みに生かしたり，再考したりできるようにするために，発言内容を類型化しながらキーワードなどを板書した。

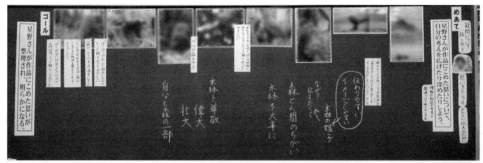

②教材・教具

　子供が単元全体を見通し，身に付けたい言語能力を常に具体的にイメージし，主体的に学習を進めることができるよう，導入時の流れを再現して掲示した。また，完成した「おすすめボード」は公立図書館や学校の図書室に掲示した。

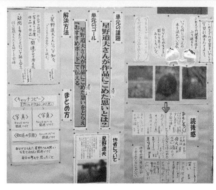

導入時の流れを再現して掲示

掲示した「おすすめボード」

③ワークシート

　単元を通してノートを活用した。1時間につき見開き1ページになるようにした。

【第3・4時のノート】

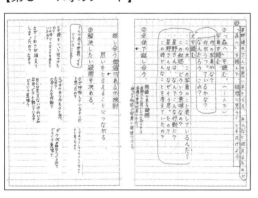

【第5・6時のノート】

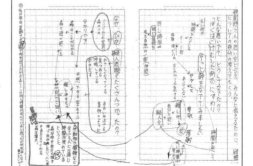

（益子　一江）

Chapter
5

14

第6学年　読むこと・物語文

「やまなし」「イーハトーヴの夢」 （光村図書6年）

1 単元名・関連教材・実施時期

単 元 名：朗読で20歳の自分に伝えよう！「やまなし」を読んで感じた12歳の思い！
関連教材：「いちょうの実」「よだかの星」「双子の星」「イーハトーブロマン」など宮沢賢治作品
実施時期：11月

2 授業構想と授業実施までの手立て

付けたい力の決定

授業の約４か月前から指導事項の検討を始めた。当初，「C　読むこと」のエ（精査・解釈）か，(1)言葉の特徴や使い方に関する事項のケ（音読・朗読）のいずれに重点を置くか迷ったが，子供の読む能力の実態を踏まえ，エに重点を置いた。その後，授業の約３か月前に行われた事前研では，言語活動が朗読であることを踏まえ，(1)言葉の特徴や使い方に関する事項のケ（音読・朗読）を重点に置いて分析することにした。

教材選定・教材開発・教材研究

授業の約２か月前から並行読書材の選定を始めた。「やまなし」と似たような作品を並行読書材として選んだ。多くの物語を読むことになるため，すぐに読める絵本を中心に準備した。

単元導入の１週間前から，教室に宮沢賢治コーナーを設置し，自由に読めるようにした。

児童の実態を踏まえた指導

単元の第二次に取り組む様子から，宮沢賢治作品や「イーハトーヴの夢」などを読む目的が明確になっていなかったことを踏まえ，他作品と「やまなし」を重ねて読み，「やまなし」の作品像を自分なりに創りあげている子供の考え方を広めた。その後，他作品と「やまなし」を交互に読み進める子供を見付けては，その意図を把握し，その読み方によって解釈を創り出せると，価値付けを繰り返した。

当該単元の言語活動の設定と特徴

４か月前から朗読原稿を試作し，１か月前から実際に朗読の撮影を繰り返した。事前研ではねらいを踏まえ，他作品等の読みを「やまなし」に重ね，作品像を自分なりに考える道筋が分かる原稿とすることにした。

③ 学習指導案例

①単元名・教材名（略）

②単元のねらい

　この単元では，「やまなし」を読んで感じた12歳の思いを20歳の自分に伝えるために朗読DVDを作成するという言語活動を通して，物語の全体像や人物像と関わらせながら，暗示性の高い表現に着目し，自分なりの解釈を創りあげ，それを声に出して表現する力を付けることをねらいとした。

　そのために第二次では，他作品や「やまなし」を繰り返し声に出して読み，賢治の考え方や願いを踏まえつつ，「やまなし」に対する自らの解釈やそれを伝える朗読の工夫を全文シートに書き込んで交流することを繰り返す指導過程とした。

③単元の目標

○賢治作品を読んで感じた自らの思いが伝わるよう朗読することができる。

（知・技(1)ケ）

○登場人物の相互関係や場面の描写を手掛かりに，その人物像や物語などの全体像を具体的に想像し，それらから暗示性の高い表現を見付け，自分なりに考え，まとめることができる。

（思Ｃエ）

○賢治の理想などが分かる伝記や様々な物語など宮沢賢治作品を幅広く読み，それらと関係付けて「やまなし」を読んで考えたことを進んでまとめようとすることができる。

（学びに向かう力等）

④単元の評価規準

知識・技能	思考・判断・表現	主体的に学習に取り組む態度
・賢治作品を読んで感じた自らの思いが伝わるよう朗読している。((1)ケ)	・「読むこと」において，登場人物の相互関係や場面の描写を手掛かりに，その人物像や物語などの全体像を具体的に想像し，それらから暗示性の高い表現を見付け，自分なりに考え，まとめている。（Ｃエ）	・賢治の理想などが分かる伝記や様々な物語など宮沢賢治作品を幅広く読み，それらと関係付けてやまなしを読んで考えたことをまとめようとしている。

Chapter
5

⑤単元計画

次	時	学習活動	指導上の留意点（・）と評価（□：評価の観点）
第一次	①	**学習課題** どんな学習をするのかな。 ・複数の教師の朗読DVDを見る。 **学習課題** 朗読したいところはどこかな。 ・声に出して「やまなし」を読む。 ・朗読したいところを見付ける。	・教師のモデル動画，朗読原稿を通じて学習のめあてやその過程を捉えさせる。 ・全文シートを用意し，朗読したいところに線を引かせ，感じたことは赤い付箋に書かせる。
第二次	②	**学習課題** 朗読するために（　　）を読んで宮沢賢治について探ろう。 ・同じ作品を読んだ友達と交流し，作品像について考える。 ・「やまなし」を読み，感じたことをまとめ，朗読する。	・それぞれの子供の必要感に応じて，（　　）には「やまなし」，「イーハトーヴの夢」，「他作品」が入る。 ・他作品等を読んで感じたことは黄色の付箋に書かせ，それを基に「やまなし」を読ませ，感じ方の違いを味わわせる。 知賢治作品を読んで感じた自らの思いが伝わるよう朗読している。（(1)ケ）
	③④	**学習課題** 「イーハトーヴの夢」と「やまなし」をつないで読み深め，朗読に生かそう。 ・二つの作品を読み，人物像や「やまなし」の作品像を考え，朗読する。 <div align="right">【本時2／2】</div>	・「イーハトーヴの夢」と「やまなし」の全文シートの叙述同士を結び付けて作品像や人物像を解釈させる。 思登場人物の相互関係や場面の描写を手掛かりに，その人物像や物語などの全体像を具体的に想像し，それらから暗示性の高い表現を見付け，自分なりに考え，まとめている。（Cエ）
	⑤⑥	**学習課題** 他作品と「やまなし」をつないで読み深め，朗読に生かそう。 ・他作品と「やまなし」の比較から，人物像や作品像をさらに考え，朗読する。	・宮沢賢治作品の共通点を掲示し，「やまなし」の作品の解釈を深められるようにする。
第三次	⑦	**学習課題** 感じたことを伝える朗読の工夫はどんな工夫かな。 ・工夫を意識して朗読する。	・工夫した理由もDVDに残すことから，理由を明らかにさせ，自分の解釈を自覚させる。 主賢治の理想などが分かる伝記や様々な物語など宮沢賢治作品を幅広く読み，それらと関係付けて「やまなし」を読んで考えたことをまとめようとしている。
	⑧⑨	**学習課題** 「やまなし」を読んで感じたことを20歳の自分に朗読で伝えよう。 ・読んで感じたことを朗読で伝える。	・自分の大好きな場所で撮影する。 ・朗読の仕方を教師モデルで確かめる。 ・単元を振り返り，変容に気付かせる。

⑥本時の学習（第4時／全9時間）

・本時のねらい

　「やまなし」の朗読に向けて，「イーハトーヴの夢」から感じた賢治の思いなどをもって，「やまなし」を読むことで，かにの親子たちの人物像やイーハトーヴの世界の様子を具体的に思い描き，「やまなし」の全体像について考えることができる。（思Cエ）

・本時の展開

時間	学習活動	主な発問（○）と指示（△）	指導上の留意点（・）と評価（□：評価の観点）
導入 3分	1．前時を振り返り，課題を確かめる。	○前回はどんな学習をしましたか。 ・「イーハトーヴの夢」を読んで分かった賢治の思いなどを重ねて「やまなし」を読んで，感じたことを書いたよ。 ○朗読の撮影はバッチリできそうかな。 ・まだ「やまなし」がどんな作品かはっきり分からなくて，自分の感じたことがぼんやりしているから，できないよ。 ・朗読するために，交流して「やまなし」を読んで自分が感じたことをはっきりさせたいな。	・賢治の思いなどを基に「やまなし」の作品像を自分なりに考えているか自己評価させ，単元のゴールに向けた課題を設定する。
展開 12分	2．ねらいとする読み方をしている子供を紹介し，全体に広める。	○賢治の思いを手掛かりに「やまなし」がどんな作品か自分なりに感じ取って，朗読表現に生かしている人がいるよ。 ・「イーハトーヴの夢」を読んで，賢治は岩手県の自然が大好きで，その魅力を伝えたくてやまなしを書いたと考えました。だから，自然を表す「やまなし」，「かわせみ」，「かばの花」，「きれいだろう」，「いっぱい」を強くはっきり読みます。 ・朗読を聞いてみたい。 ・「イーハトーヴの夢」を手掛かりに，やまなし全体の言葉から，どんな作品か考えているのがすごいと思ったよ。 ・「イーハトーヴの夢」で，苦しみの中に楽しさを見付けることが賢治の理想だと知りました。「やまなし」には怖いことから楽しいことになる場面が二つあって，黒い丸い大きなものは「怖いもの」を表して，「いいにおいのするやまなし」は「楽しさ」を表していて，そこで賢治は，工夫することの希望を伝えたかったと思いました。	・子供の解釈を板書に位置付け，「イーハトーヴの夢」のどの叙述から，「やまなし」のどの場面を解釈したか位置付ける。 ・想像を広げて読んでいる子供の朗読を必要に応じて，聞かせ，朗読のイメージをもてるようにする。

Chapter 5

10分	3. 声に出して読みながら朗読に向けて作品像を自分なりに考える。	○みんなはどのように「イーハトーヴの夢」と「やまなし」をつなげて読んで、「やまなし」をどのような作品だと考えるかな。 ・意味の分からないクラムボンだけど、それが「笑った」、「死んだ」、「笑った」と繰り返されているのは、もしかして妹が生き返ってほしいという賢治の願いが表れているんじゃないかな。大切な人がずっといてほしいという思いはよく分かるよ。だから笑ったのところは明るく希望を込めて読みたいな。	・何度も声に出して読み、作品全体のイメージを思い描いたり「イーハトーヴの夢」との関わりを発見したりできるようにする。 ・他作品を開く子供がいたら、その理由を聞き、全体に広める。 ・子供の必要に応じてペア交流を入れる。
10分	4. 読み深めたことを声に出して読みながら交流し、朗読に生かす。	△朗読に向けて、新たに感じたことを交流しましょう。 ・クラムボンが「笑った」、「死んだ」と繰り返されているから、賢治はいいことと悪いことは連鎖するんだと言いたかったんじゃないかな。他の作品でもいいことと悪いことの両方が描かれていたよ。そのときは前向きになることが大切だと思ったよ。 ・「イーハトーヴの夢」で、動植物にも身を切られる痛みがあると賢治が考えていると分かったよ。だから、クラムボンの会話を楽しそうに描いたのではないかな。他の生き物のことまで考えるって大事だと思ったな。	・朗読するために他作品を読み、「やまなし」を解釈している子供を意図的に広める。 思「やまなし」の朗読に向けて、「イーハトーヴの夢」から感じた賢治の思いなどをもって、「やまなし」を読むことで、かにの親子たちの人物像やイーハトーヴの世界の様子を具体的に思い描き、「やまなし」の全体像について考えている。 （C エ）
まとめ 10分	5. 「やまなし」を読んで感じたことを伝える朗読をする。	○感じ取った自分の思いを伝えるには今の読み方でいいかな。 ・最初は、死んだから悲しく読めばいいと思っていたけど、「死」は妹の死を意味していると思ったよ。大切な人が死んだときはとても悲しいから、深い悲しみを感じながら読みたいと思います。	

120

4 板書計画・教材・教具　ワークシート

①板書計画

> やまなし　全文シート（本時は，黒板上部の教室壁面に全文シートを貼り子供の考えを書く
> 　　　　　　スペースを確保した。）

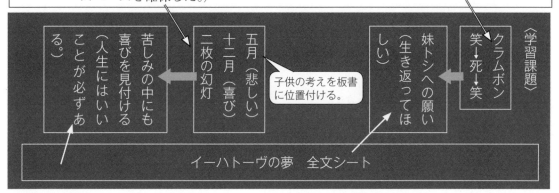

〈学習課題〉

クラムボン
笑→死→笑

妹トシへの願い
（生き返ってほ
しい）

子供の考えを板書
に位置付ける。

五月（悲しい）
十二月（喜び）
二枚の幻灯

苦しみの中にも
喜びを見付ける
（人生にはいい
ことが必ずあ
る。）

イーハトーヴの夢　全文シート

②教材・教具

　右の朗読原稿は第一次第1時に提示した教師のモデル動画と同時に子供たちに提示した。

　朗読原稿のまとまりを色ごとに分けて提示し，朗読に向けて，必要なことを視覚的に分かりやすくした。

　また，ほかのクラスの先生にも同じ「よだかの星」の朗読や原稿を書いてもらい，子供に提示した。

　二人の教師の朗読を比較したことで，朗読は優劣を付けるものでなく，自分の感じたことを声に出して，伝えることだと理解させることができた。

③ワークシート

　「宮沢賢治作品ブックリスト」を作成し，単元導入1週間前に配付し，毎日の宿題や読書タイムで並行読書を行った。

　読んで感じたことを付箋に書きため，その絵本の表紙に貼っておくこととした。

（古林　亮）

「よだかの星」朗読原稿　　　　　名前（　古林　亮　）

　よだかの星を読んで，「何があっても自分がすると決めたことは最後までやり抜く大切さ」を感じました。そこで，この絵本の20ページから26ページを朗読します。

　この場面は，星になりたいよだかが東西南北の星に「星になりたい」と頼みに行きますが，「たかが鳥だ。」「星になるには相応の身分が必要だ。」と言われ，断られます。すっかり力を落としたよだかは，落ちそうになりますが地面すれすれのところで，鷹のような声をあげ，まっすぐまっすぐ空に向かって，とび続け空高いところで，青い美しい光となり，よだかの星となる場面です。

　よだかは，「どこの星にもいかずまっすぐ空に上がって，良かった。」と思っていると思いました。24ページに「ただこころもちはやすらかにその血のついた大きなくちばしは，横にまがっておりましたが，たしかに少しわらっておりました。」とあり，26ページに「自分の体が青い美しい光になって静かに燃えているのを見ました」とあるところからそう思いました。

　なぜそこでそう思ったかというと，その部分に賢治の考え方が表れていると思ったからです。国語の教科書にあるイーハトーヴの夢で賢治は中学生のころに農民のために一生をささげたいと思い，農学校の先生になり，農民を助けるボランティアをし，死ぬ直前に来たお客に農業のアドバイスをしました。賢治はみんなのために自分のできることはすると強く思っていたと思います。

　宮沢賢治の他作品の「虔十公園林」では，主人公虔十は杉林を作りました。作ったことをまわりからバカにされたり，杉林が邪魔だから切れとおどされたりしますが，兄の理解もあって，杉林を守り続けました。それからその杉林で子どもたちが楽しく遊ぶようになりました。楽しく遊ぶ子どもたちを見て虔十は嬉しかったと思います。この話は，よだかの星と似て，主人公のすることが否定されても，主人公はそれに負けずに続ける展開なので，賢治は周りから何を言われても自分のできることを貫くことを言いたかったのかなと思ったからです。

　だから，よだかがまっすぐ空に上がっていくところは，力強く読むので，はっきりとゆっくり読みます。そして，自分の体が美しく燃えているのを見るところは，心おだやかに読みます。聞いてください。

【朗読】

　ぼくは，これからも自分の信念を強く持ち，まっすぐに歩き続けたいと思います。

作品名	1回目	2回目	3回目	4回目	クリア
雨ニモマケズ	（　／　）	（　／　）	（　／　）	（　／　）	
イーハトーヴの夢	（　／　）	（　／　）	（　／　）	（　／　）	
いちょうの実	（　／　）	（　／　）	（　／　）	（　／　）	
よだかの星	（　／　）	（　／　）	（　／　）	（　／　）	
グスコーブドリの伝記	（　／　）	（　／　）	（　／　）	（　／　）	
虔十公園林	（　／　）	（　／　）	（　／　）	（　／　）	
双子の星	（　／　）	（　／　）	（　／　）	（　／　）	
なめとこ山の熊	（　／　）	（　／　）	（　／　）	（　／　）	

15

第6学年　読むこと・物語文

「海の命」（光村図書6年）

1 単元名・実施時期

　単　元　名：つないで見つめてわたしの「生き方」

　実施時期：1月

2 授業構想と授業実施までの手立て

付けたい力の決定

　本単元では，「C　読むこと」のカ（共有）までねらいたいと考えた。教科書教材だけでなく子供自身が選んだ本を持ち寄ることで，多様な文章についての解釈や考えから共通点や相違点を見付け，価値を見出す活動を通して，自分の考えを広げ，多面的・多角的な見方・考え方をもつことができるようになるのではないかと考えた。

教材選定・教材開発・教材研究

　本単元では並行読書材を子供がこれまで読んできた本全てを扱うことにした。理由として，本単元は小学校生活最後の文学的な文章の学習であり，これまでの読書体験を振り返りながら「生き方」を見出してほしいと考えた。まず子供に紹介したのはこれまで学習してきた教科書教材である。第1学年から第5学年までの教科書を書架に置くことで，学習してきた物語文をもう一度読み直すことができるようにした。また，共通して読む文章として「いのちシリーズ」を取り上げた。これらについても事前に読むことができるようにした。また，学校図書館へ行き，絵本も含め，これまでで一番心に残った本を選ぶ活動も行った。

児童の実態を踏まえた指導

　複数の叙述をつなげたり，登場人物の心情の変化等について読んだりしながら，優れた叙述について自分の考えをまとめ，座談会で考えを交流する学習を行ってきた。本単元では重点として，登場人物の言動等に対して自分が疑問に思ったことや新しく発見したことを基に交流するようにし，友達との話合いで疑問を解決したり，自分の考えを広げたり明確にしたりする楽しさを味わうことを経験できるようにした。

当該単元の言語活動の設定と特徴

　本単元では読書座談会で考えを広げていく言語活動を設定した。まず教科書教材や「いのちシリーズ」で「生き方」について自分の考えにせまり，その後，複数の本から自分の考える「生き方」を浮かび上がらせた後，座談会を行うことで考えを広げたり，確かなものにしたりすることができるようにした。

3 学習指導案例

①単元名・教材名（略）

②単元のねらい

　この単元では「生き方」について自分の考えをまとめるために読書座談会を行うことで，中心人物の言動や生き方と，自分の経験や考え，複数の物語の登場人物の生き方などとの共通点や相違点を見付けたり，「生き方」について考えを交流することにより，自分の生き方を見つめ直したり，考えを広げたりすることができるようにすることがねらいである。

③単元の目標

○語句と語句の関係，語句の構成や変化について理解し，複数の本から自分の考えが構成されていることに気付くことができる。

（知・技(1)オ，(3)オ）

○中心人物の言動や生き方と，自分の経験や考え，複数の物語の登場人物の生き方などとの共通点や相違点を見付け，自分の生き方を見つめ直したり，考えを広げたりし，複数の本から自分の「生き方」に対する考え方を広げたり，確かなものにしたりすることができるようにする。

（思Cエ，オ，カ）

○自分の経験や体験と重ねながら，複数の作品に描かれている人物像や登場人物のつながり，心情を関連付けて読もうとすることができるようにする。

（学びに向かう力等）

④単元の評価規準

知識・技能	思考・判断・表現	主体的に学習に取り組む態度
・語句と語句の関係，語句の構成や変化について理解している。((1)オ) ・日常的に読書に親しみ，読書が，自分の考えを広げることに役立つことに気付いている。((3)オ)	・「読むこと」において，中心人物の言動や生き方について叙述を基に捉えている。（Cエ） ・「読むこと」において，叙述と既有の知識を結び付けて自分の考えをまとめている。（Cオ） ・「読むこと」において，本や文章を読んで考えたことを発表し合い，自分の考えを広げている。（Cカ）	・自分の経験や体験と重ねながら，複数の作品に描かれている人物像や登場人物のつながり，心情を関連付けて読もうとしている。

⑤単元計画

次	時	学習活動	指導上の留意点（・）と評価（□：評価の観点）
第一次	①	・「『生き方』について読書座談会をしよう」という学習課題をもち，学習計画を立てる。	・「生き方」を語るためには，テーマとなるものが必要であること，疑問を解決しながら読むことで，その物語のテーマが見えてくることを確認する。 主気付いたことや疑問を伝え合うことの面白さを捉え，進んで複数の作品を読もうとしている。
		つないで重ねて読んで考えた「生き方」についての読書座談会をしよう。	
	②	・教材文「海の命」を通読し，内容の大体を捉え，気付いたことや疑問を交流する。	・気付いたことや疑問を伝え合うことの面白さを捉え，進んで作品を読もうとしている。 知語句と語句の関係，語句の構成や変化について理解している。（(1)オ）
第二次	③	・1回目の読書座談会（海の命）に向けて，グループで話し合いたい疑問を決定する。	・教材文について考えを広げたり深めたりできるような疑問を考えグループで設定する。 思会話や行動，優れた叙述に着目して疑問を設定している。（Cエ）
	④	・グループで決めた読書座談会で話し合いたい疑問について，教材文を読む。	・物語を読み，なぜ，どうしてと思うことを考え，話し合う叙述を見付ける。 思グループで決めた疑問について，本文を読み自分の考えをまとめている。（Cオ）
	⑤	・1回目の読書座談会を行う。	・自分の考えの根拠を交流し，自分の考えをはっきりとさせる。 思作品に対する自分の感想や教材文についての考えを広げている。（Cカ）
第三次	⑥	・2回目の読書座談会（自分の選んだ本）に向けて，テーマを決定する。	・物語を読み，なぜ，どうしてと思うことを考え，話し合う価値のある叙述を見付ける。 思自分の選んだ本について考えが深まったり，広がったりできるような疑問を設定している。（Cエ）
	⑦	・読書座談会で話したい本について関連する本とつなげて重ねて読む。	・設定したテーマについて登場人物や情景描写に着目しながら読み，自分の考えをはっきりさせる。 思関連する本とつなげて自分の考えをまとめている。 （Cオ）

⑧	・2回目の読書座談会を行う。　　　　　【本時】	・交流したことを基にして，自分の考えをまとめることができるようにする。 思自分の考えを交流し，自分の感想や考えを広げている。（Ｃカ） 知複数の本や文章などを比べて読むことで，読書が，自分の考えを広げることに役立つことに気付くことができる。（(3)オ）

⑥本時の学習（第8時／全8時間）

・本時のねらい

　　自分の考える「生き方」について複数の本や文章などを選んで比べ，根拠を明確にして，自分の考えを交流し，自分の感想や考えを広げることができるようにする。

（思Ｃカ，知・技(3)オ）

・本時の展開

時間	学習活動	主な発問（○）	指導上の留意点（・）と評価（□：評価の観点）
導入 5分	1．前時までの学習を振り返り，本時のめあてと学習の流れを確認する。	○これまでの時間には，どのようなことを学習しましたか。	・事前に「生き方」につながるテーマをグループで設定しておく。 ・互いに持ち寄る作品は単元の導入から交互に読み合う時間を設定し，読み合わせて本時に臨めるようにする。
	つないで見つめたわたしの「生き方」についての座談会をしよう。		
展開 25分	2．グループで自分の考えを交流する。	○それでは，座談会を開きます。それぞれのグループで読書座談会を通して，自分の考えた「生き方」について交流しましょう。 〈グループで持ち寄った作品（例)〉 「愛犬まるこ」 「おじいちゃんわすれないよ」 「西の魔女が死んだ」 「お手紙」	・子供一人一人の「生き方」に対するテーマや選定した本の題名を黒板に掲示する。 ・交流の流れやポイントを黒板に掲示する。 ・「生き方」を語るための本以外にも関連する本を3～5冊用意しておき，考えの根拠を示すことができるようにする。 思自分の考えを交流し，自分の感想や考えを広げている。（Ｃカ）

| 10分 | 3.「生き方」について友達と考えを交流したことで気付いたことを確認する。 | ○「生き方」について考えが広がった，確かになったということはありますか。 | ・友達と意見を交流する中で共通点，相違点を見付けた子供の意見を広げる。 |
| まとめ 10分 | 4．本時を振り返る。 | ○気付いたことを交流したこと，座談会で気付いたことなどを書きましょう。
○これからの読書でも様々な物語に出会うと思いますが，その中から自分の考えが変わることや確かになることがあります。たくさんの本に触れていってください。 | ・今後の読書生活について考える場面を設ける。
知複数の本や文章などを比べて読むことで，読書が，自分の考えを広げることに役立つことに気付いている。((3)オ) |

4 板書計画・教材・教具・ワークシート

①板書計画

　この時間は自分の考えた「生き方」について，根拠となる本と文章を持ち寄り，グループで「生き方」について座談会を行う。そのために子供一人一人の生き方に対する「テーマ」と選んだ本（物語）の名前，交流モデル，根拠を述べるために手元に置いて用いるワークシートの例を掲示した。

テーマと物語名

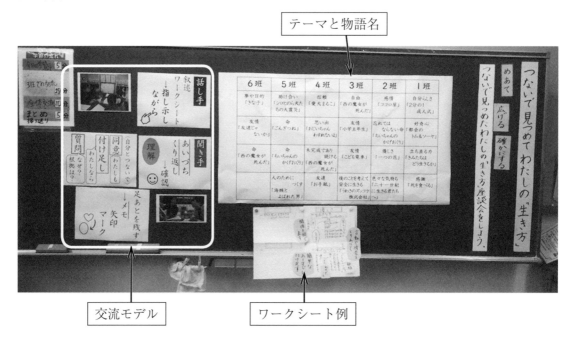

交流モデル　　　　ワークシート例

②教材・教具

　この時間は，各班に用意されたボードに子供がそれぞれ読んだ本を基に考えた「生き方」を書き込んだり，つないだりしながらさらに「生き方」に迫っていく。子供には赤，青，黒のペンを渡し，自由に書き込むように指示をした。

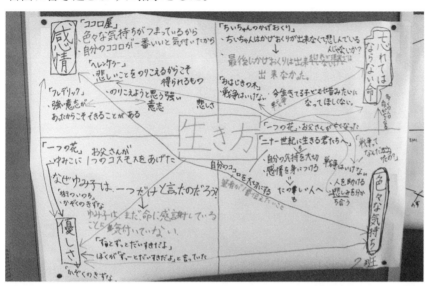

③ワークシート

　子供はこれまで，全文シートに疑問を書き込み，その答えを見付けるために叙述を線でつないで人物像や場面の様子を捉える活動を行ってきた。自分の選んだ本については全文シートがないため，叙述を取り出し，それらを関係付けながら見付けたい価値を見出すことができるようワークシートを作成した。複数の本を関連付けて考えることができるように，見開きで4つの本（物語）について書けるように設定した。

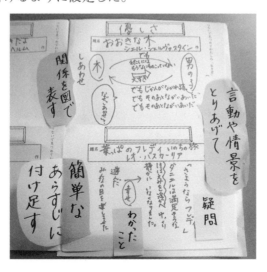

（森　文子）

【編著者紹介】

水戸部　修治（みとべ　しゅうじ）
京都女子大学教授。
小学校教諭，県教育庁指導主事，山形大学地域教育文化学部准教授等を経て，文部科学省初等中等教育局教育課程課教科調査官，国立教育政策研究所教育課程研究センター総括研究官・教育課程調査官・学力調査官，平成29年4月より現職。専門は国語科教育学。平成10・20年版『小学校学習指導要領解説国語編』作成協力者。主な著書に，『小学校　新学習指導要領　国語の授業づくり』，『平成29年版　小学校新学習指導要領の展開　国語編』，『単元を貫く言語活動のすべてが分かる！　小学校国語科授業＆評価パーフェクトガイド』，『イラスト図解でひと目でわかる！小学校国語科　言語活動パーフェクトガイド（全3巻）』（明治図書）などがある。

【執筆者紹介】（執筆順）

元村　裕子	兵庫県神戸市立高津橋小学校
舛元　夕子	神奈川県横浜市立芹が谷小学校
宮城　祐美	沖縄県名護市立名護小学校
南　　肇	大阪府高槻市立日吉台小学校
鎌田　陽子	京都府京都市立朱雀第七小学校
阿部　千咲	神奈川県横浜市立大鳥小学校
喜多岡仁美	長崎県佐世保市立大塔小学校
吉村　育子	兵庫県播磨町立播磨南小学校
石塚　憲司	京都府京都市立下京渉成小学校
清水　一希	京都府京都市立桂東小学校
栗山　裕康	京都府京都市立下京渉成小学校
鵜川　弘樹	大阪府高槻市立松原小学校
益子　一江	秋田県横手市立十文字第一小学校
古林　亮	石川県金沢市立森本小学校
森　　文子	京都府京都市立下京渉成小学校

教材研究から学習指導案まで丸ごと分かる！
小学校国語科　研究授業パーフェクトガイド

2020年5月初版第1刷刊　©編著者　水　戸　部　修　治
　　　　　　　　発行者　藤　原　光　政
　　　　　　　　発行所　明治図書出版株式会社
　　　　　　　　　　　http://www.meijitosho.co.jp
　　　　　　　（企画）木山麻衣子（校正）有海有理
　　　　　〒114-0023　東京都北区滝野川7-46-1
　　　振替00160-5-151318　電話03(5907)6702
　　　　　　　　ご注文窓口　電話03(5907)6668
＊検印省略　　　　組版所　藤　原　印　刷　株　式　会　社
本書の無断コピーは，著作権・出版権にふれます。ご注意ください。

Printed in Japan　　　　　ISBN978-4-18-308423-1

もれなくクーポンがもらえる！読者アンケートはこちらから